Inhalt

Seite

Vorwort

Unser Körper kann unglaublich viel. Dabei ist alles fein aufeinander abgestimmt. Ein ausgeklügeltes Abwehrsystem schützt ihn vor Eindringlingen. Sogar Selbstheilungskräfte kann er bei Gefahr und Verletzungen mobilisieren. Aber unser Körper ist keine Maschine. Er funktioniert nicht auf Knopfdruck.

Nur wenn Kinder frühzeitig ihren Körper kennen und verstehen lernen, entwickeln sie auch Verständnis für seine Besonderheiten, für seine Signale, für Körperhygiene und Körperpflege – kurz: für alles das, was wir tun und beachten können, um uns wohl zu fühlen.

Kinder interessieren sich für ihren Körper von Anfang an. Sie fühlen und entdecken. Und sie stellen Fragen, die nicht immer leicht zu beantworten sind.

Wir möchten Familien mit diesem Buch bei der Beantwortung solcher Fragen rund um den menschlichen Körper zur Seite stehen. Unter der Rubrik „Aha!" vermittelt das vorliegende Buch Wissenswertes und Interessantes. Tipps für Eltern und Tipps für Kinder sind außerdem durch kleine Symbole in den Randspalten besonders hervorgehoben.

Wir wünschen allen Familien viel Spaß beim Lesen, Vorlesen, Blättern und Entdecken: „So bin ich!"

Birgit Fischer	Simone Linden
Vorstandsvorsitzende	Geschäftsführerin
BARMER GEK	Mehr Zeit für Kinder e.V.

Wir danken den Sponsoren Bionade, Sanofi Pasteur MSD und Stallergenes für ihre Unterstützung.

Symbole im Buch:

= Tobys Tipps für Kinder

= Tobys Tipps für Eltern

= Wissenswert

Wen haben wir denn da?

Toby

Toby, das Teufelchen, ist ein wissbegieriger, schlauer Kerl mit vielen zündenden Ideen. Er findet, dass Menschen ganz schön komplizierte Wesen sind. Toby skatet gern und isst nur rote Lebensmittel: Tomaten, Kirschen, Erd- und Himbeeren, rote Äpfel und rote Paprika, Radieschen, Johannisbeeren, Blutorangen und teuflisch scharfe, rote Chilischoten. Der kleine Höhlenbewohner geht häufig auf Erkundungstour. Er beobachtet und belauscht die Menschen, ohne dass sie es merken. Für Kinder interessiert er sich dabei ganz besonders:

Lea

Zoe

Lea und Zoe sind allerbeste Freundinnen, gehen in die 3. Klasse und lieben es, in ihrer Freizeit mit Inlinern an den Füßen um die Häuser zu flitzen.

Fine

Nina

Fine ist witzig und schlau, Schülerin in der 1. Klasse und malt für ihr Leben gern! Die neugierige Nina kann kaum noch abwarten, bis sie endlich in die Schule kommt. Nina ist eine wissbegierige Forscherin und Erfinderin, ein Ass im Tüfteln und Basteln.

Tim Ben

Tim und Ben sind Geschwister, fitte Jungs und gehen in den Kindergarten. Die beiden verbringen viel Zeit mit ihrem Kumpel Janis – der ist nicht nur schlau, sondern auch ein toller Lecker-Schmecker-Bäcker.

Janis

Moritz

Moritz besucht die 2. Klasse und ist ein begeisterter Fußballer und Torjäger. Und ein großer Fan von Zoe!

Magisches Feuer

Nicht alles, was Toby hört und sieht, versteht er auch. Auf seine vielen Fragen will das Teufelchen unbedingt auch immer eine Antwort finden. Behilflich ist ihm dabei in seiner kuschelig-warmen Höhle das magische Feuer. Wenn Toby das Feuer befragt, dann weiß es fast immer eine Antwort.

Kapitel 1
Körperwissen

Prof. Klaus Hurrelmann, Berlin:
Professor für Public Health and Education an der Hertie School of Governance

Gesundheit ist ...

Gesundheit ist ein sehr angenehmer und wohliger Zustand, den ein Mensch nicht selbstverständlich zu jedem Zeitpunkt seines Lebens erreichen kann. Befinden sich Körper, Psyche, soziale und ökologische Umwelt mit ihren jeweiligen Anforderungen in Balance und Harmonie, dann sind wir gesund. Da die Anforderungen aus diesen vier Lebensbereichen in Harmonie miteinander gebracht werden müssen, ist Gesundheit ein bewegliches und dauerhaftes Ausbalancieren.

Gelingt die Balance zwischen Körper, Psyche, sozialer und ökologischer Umwelt, dann kann ein Mensch körperliche Stabilität, psychisches Wohlbefinden, soziale Aktionsfähigkeit, Leistungsstärke und Widerstandskraft gegen Risiken und Umweltstörungen entfalten. Gesundheit ist also ein anzustrebender Idealzustand.

Um im Gleichgewicht, also gesund zu sein, bedarf es wichtiger Regulationsfähigkeiten. Der Mensch muss nicht nur seinen Körper kennen und beherrschen, er sollte auch seine Denkmuster, seine Verhaltensmuster und seine Fähigkeiten einschätzen und richtig nutzen lernen. Gegenüber der Umwelt muss er seine körperlichen und psychischen Kapazitäten so einsetzen können, dass er sich durchsetzen kann und mit den sozialen und räumlichen Gegebenheiten gut zurechtkommt.

Eine ganz zentrale Fähigkeit ist, den eigenen Körper zu kennen, ihn zu beeinflussen und zu steuern. Neben dem Körperwissen benötigt ein Mensch das erforderliche Wissen und vor allem auch Können, um den Körper richtig zu ernähren, zu bewegen, ihn anzuspannen und zu entspannen. Gesundheit ist kein passiv erlebter Zustand des Wohlbefindens, sondern ein aktuelles Ergebnis von immer wieder neu betriebener, aktiver Arbeit an der eigenen Person. Die Arbeit am eigenen Körper spielt dabei eine Schlüsselrolle.

Keine Sammler und Jäger

Für Kinder ist es heute schwierig, ihren Körper im Alltag unkompliziert wahrzunehmen, ihn kennen zu lernen und ein Verhältnis zu ihm zu entwickeln. Dazu gehört, das durchaus vorhandene Wissen über das Funktionieren des Körpers und seine Probleme auch im Alltag umzusetzen. Die Lebensgewohnheiten haben sich verändert. Sie sind heute weit von der genetischen Veranlagung des Menschen als Jäger und Sammler entfernt. Wenn wir uns das bewusst machen, wird uns klar, warum die Anpassung unserer Lebensgewohnheiten an die geänderten Bedingungen heute so wichtig ist.

Eigentlich ist der Körper eines jeden Menschen, auch schon der eines Kindes, genetisch so programmiert, dass wir täglich 10 bis 20 Kilometer zu laufen haben, um unsere Nahrungsmittel zu erkämpfen und uns gegen gefährliche Feinde von außen zu schützen. In Zeiten der Hochtechnologie, der vollständigen Mobilität in allen Lebensbereichen, in Zeiten von Medien und vermittelten Erfahrungen kann es jedem von uns schnell passieren, dass wir gegen die natürliche Bestimmtheit unseres Körpers handeln. Wir handeln damit gegen die Anlage, die unserem Körper mit auf den Lebensweg gegeben ist. Der Körper wehrt sich und protestiert.

Ein Zeichen dafür ist, dass Kinder ihr Körpergewicht immer schlechter regulieren können. Vor allem in Städten mit wenig Natur und Spielflächen fehlt gerade Kindern die Möglichkeit, sich zu bewegen und ihre eigenen Erfahrungen zu machen. Sie haben wenige Chancen, die richtige Balance zwischen Energiezufuhr und Energieverbrauch herzustellen – zumal ihr Essen heute nicht mehr durch 10 bis 20 Kilometer Wettkampfrennen erobert werden muss, sondern griffbereit und sofort verzehrfähig im Kühlschrank bereit liegt.

Das Ergebnis: Schon fast 10 % der 10-Jährigen sind krankhaft übergewichtig, mit immer noch steigender Tendenz. Ein weiteres Alarmzeichen ist die oft damit zusammenhängende Zuckerkrankheit (Diabetes mellitus): Wesentliche Ursachen dafür sind falsche Ernährung, zu wenig Bewegung und ein schlechter Tagesrhythmus sowie eine unzureichende Kombination aus Anspannung und Entspannung. Weitere Krankheiten bei Kindern sind Aufmerksamkeits-Defizit-Partizipationsstörungen, Koordinationsschwierigkeiten der Feinmotorik und der Grobmotorik, Allergien, Asthma, Hautjucken und -ausschläge.

Drei Dinge braucht der Mensch

Suchen wir nach einem gemeinsamen Nenner, um diese problematischen Entwicklungen zu erklären, dann stoßen wir auf die drei großen, bereits genannten Faktoren, die für die Entwicklung des Körpers eines Kindes von ausschlaggebender Bedeutung sind:

• **Bewegung** • **Ernährung** • **Entspannung**

Der Bewegungsmangel hängt zusammen mit den geringen räumlichen Möglichkeiten des freien und offenen Spielens in den durch Straßenverkehr und Zersiedelung geprägten Wohnvierteln. Hinzu kommt eine teilweise übervorsichtige und ängstliche Haltung der Mütter und Väter. Viele Eltern lassen ihren Kindern nicht den Freiraum für die selbständige Erkundung der Umwelt, den sie für ihre Entwicklung nun einmal benötigen.

Hintergrund sind auch die sich verändernden häuslichen Lebensbedingungen mit einer starken Konzentration des Familienlebens auf die Wohnung. Erschwert wird diese Entwicklung durch Massenmedien wie Fernsehen, Computer und Spielkonsolen, die übrigens bei den Jungen noch weitaus größeres Interesse wecken als bei den Mädchen. Auch die Motorisierung der Familienhaushalte trägt dazu bei, dass sich Kinder zu wenig bewegen. Sie werden zu Kindertagesstätten, Kindergärten, Musikschulen, später zu den Schulen gefahren und haben dadurch nur wenig Gelegenheit, sich selbst im Wohnviertel und darüber hinaus aus eigener Kraft zu bewegen.

Das veränderte Ernährungsverhalten hängt mit einem umgestellten Lebensrhythmus innerhalb der Familie zusammen. Nur noch etwa in der Hälfte der Familien wird regelmäßig gekocht und gemeinsam gegessen. Immer mehr setzt sich Fertigkost durch, die einen übergroßen Anteil an Fett und Kohlenhydraten und einen mangelnden Bestand an Ballaststoffen, Vitaminen und Mineralien aufweist. Sie führt bei Kindern zur Fehlernährung, weil eben das Verhältnis von Energiezufuhr und Energieverbrauch nicht mehr ausgeglichen ist.

Der dritte kritische Punkt ist der falsche Tagesrhythmus mit einer dem körperlichen Rhythmus nicht angemessenen Kombination aus Anforderung und Entspannung. Nur wenige Kinder können ihren Tag so einteilen, dass er ihrem natürlichen Kräftehaushalt entspricht. Viele Kinder müssen sehr viel früher aufstehen, als ihnen gut tut. Im Laufe des Tages werden die natürlichen Leistungsspitzen – meist am späteren Vormittag bis etwa 12 Uhr und dann noch einmal am mittleren Nachmittag gegen 15 Uhr – zu wenig beachtet. Im Gegenteil: Das deutsche Halbtagsschulsystem konzentriert sich mit seinen Anforderungen auf den frühen Vormittag bis hin zum frühen Nachmittag. Die Verkürzung der Gymnasialzeit hat diese Lage noch verschärft, weil viele Schulkinder ohne ein richtiges Mittagessen sieben oder acht Stunden hintereinander Unterricht haben. Dadurch können sie nicht im Einklang mit den eigenen Körperimpulsen leben, leben gewissermaßen gegen den Zeittakt des eigenen Körpers.

Einmal um den Block

In den Familien wird der Schlüssel dazu gelegt, wie Kinder mit den drei wichtigen Größen Bewegung, Ernährung, Entspannung umgehen. Der Familienalltag sollte einen festen Rhythmus haben, mit mindestens einer gemeinsamen und selbst zubereiteten Mahlzeit. Pausen und Erholungen sollten darin ebenfalls fest verankert sein. Und auch die Bewegung ist enorm wichtig – und sei es nur ein gemeinsamer Spaziergang um den Block, der immer nach den Hausaufgaben oder kurz nach dem Eintreffen der Eltern von der Arbeit angesetzt wird. Abends helfen Rituale, wie gemeinsames Schmusen oder Vorlesen einer Gute-Nacht-Geschichte.

Eltern sind die geborenen Vermittler von Körperwissen und Körpererfahrung. Sie haben von allen erwachsenen Menschen eindeutig den direktesten und unkompliziertesten Zugang zum Körper ihrer Kinder. Zugleich sind sie durch ihr eigenes Verhalten Vorbild und Orientierung.

Eltern sind zugleich die wichtigsten Gesundheitserzieher, die auch die Informationen und Kenntnisse weitergeben, die zu einem guten Körperwissen gehören. Vor allem aber: So wie die Eltern selbst sich bewegen, ernähren und entspannen, so wirken sie auch auf ihre Kinder. Gutes Körperwissen lässt sich Kindern nicht mit dem erhobenen Zeigefinger vermitteln – entscheidend ist, dass Eltern sich selbst dem vermittelten Wissen entsprechend verhalten.

Wahrscheinlich ist das Bewegungsverhalten am schnellsten und am direktesten zu beeinflussen. Es hat auch die unmittelbarste Auswirkung auf die beiden anderen Größen Ernährung und Entspannung. Bewegung reguliert einerseits die Nahrungszufuhr und den Kalorienverbrauch. Sie trägt andererseits auch zum Stressabbau, zum Abbau innerer Spannungen und Aggressionen bei. Wichtig für Eltern ist es, dem natürlichen Bewegungsantrieb der Kinder gerecht zu werden oder ihm geschickt mit Anreizen und Anregungen nachzuhelfen. Bewegung regt den Stoffwechselhaushalt, das natürliche Hungergefühl und die Koordination aller Sinne an. Haltungsschwächen und Koordinationsstörungen, Sehschwächen, Hörstörungen, Übergewicht und Allergien lassen sich so mindern.

Immun mit System

Bewegung trägt auch zur Stärkung des Immunsystems bei. Wenn Kinder laufen, krabbeln und toben, härten sie ihren Körper ab. Die aktuellen Studien zeigen: Übertriebene Sauberkeit und Hygiene sind zu vermeiden, denn dadurch wird die Fähigkeit des kindlichen Immunsystems immer weiter geschwächt und körpereigene Widerstandskräfte können sich nicht entwickeln. Das Immunsystem des Kindes muss trainiert werden. Das Immunsystem muss mit allen

Stoffen der Umwelt umgehen können, um seine Abwehrfähigkeit für das weitere Leben aufrechtzuerhalten. Denn: Ein aktiver Körper strahlt auf die Psyche aus. Er ermöglicht uns, die soziale und physikalische Umwelt zu erobern. Er ist in diesem Sinne eine Voraussetzung für Gesundheit.

Ein wichtiger Aspekt der Bewegungsförderung ist, im Umfeld der Familie das freie und natürliche Spielen zu unterstützen. Dabei brauchen Kinder auch gezielte Risikosituationen. Es geht nicht darum, ihnen nur organisierte Bewegungsspiele vom Typus des Mannschaftssports anzubieten, sondern darum, ein nachhaltiges, spannendes Freispiel zu ermöglichen. Kinder müssen auf räumliche, körperliche, persönliche und soziale Widerstände stoßen, die sie überwinden können.

In der Vielfalt liegt die Kraft

Kinder sollen und müssen sich selbst erfahren. Das ist nur möglich, wenn sie ihre eigenen Stärken und ihre eigenen Schwächen erkennen und wissen, was sie jeweils schaffen. Dazu brauchen Kinder Räume, die sie sich aneignen, besetzen, gestalten und verändern können. Nur so lassen sich alle Sinne stimulieren, nur so kann ein Kind alle Facetten des Körpers erleben. Aus der modernen Hirnforschung wissen wir, wie wichtig die Verschaltung der verschiedenen Sinneszentren ist, um eine körperliche und auch intellektuelle und soziale Entwicklung voranzutreiben. Deswegen sind einseitige Beschäftigungen wie Fernsehen und der Umgang mit Computer & Co möglichst zu meiden. Empfehlenswert sind beispielsweise Tanzen, Musizieren, Singen, Basteln und Handwerken. Nur so erfährt ein Kind, welche körperlichen Möglichkeiten und Ausdrucksformen es besitzt. Theoretisches Wissen darüber hilft dem Kind nicht weiter – vielmehr soll es ausprobieren, analysieren und experimentieren dürfen.

Fassen wir zusammen: Körperwissen im Sinne von aktiven Kenntnissen der Stärken und Schwächen des eigenen Körpers, der Einsatzmöglichkeiten und Belastungschancen des Körpers – all das lässt sich in Familien am besten vermitteln. Um Körpererfahrung aufzubauen, die eine unverzichtbare Voraussetzung für die Entwicklung von Körperwissen ist, brauchen Kinder die Gelegenheit, sich zu bewegen. Und: Kinder sollten sich richtig ernähren und entspannen – gern auch gemeinsam mit ihren Eltern.

Kapitel 2
Wachstum und Körperbau

Prof. Michael Hermanussen, Kiel:
Facharzt für Kinder- und Jugendmedizin, Christian-Albrechts-Universität;
Vorsitzender der Deutschen Gesellschaft für Auxologie
(Lehre vom Wachstum des Menschen)

Groß, klein, kräftig oder schmal

Wachstum und körperliche Reifung sind untrennbare Bestandteile der kindlichen Entwicklung und zu großen Teilen genetisch bestimmt. Ob wir groß, klein, kräftig oder schmal gebaut sind, ob wir uns mit raschem Tempo entwickeln oder ob wir spät reifen und noch in der achten Klasse so „milchgesichtig" aussehen, dass uns niemand den neuen Mofa-Führerschein zutraut, ist überwiegend erblich. Wenn wir unsere Eltern fragen, ist deren Entwicklung oft sehr ähnlich verlaufen.

So wie die Reifung eines Kindes in deutlich sichtbaren Schüben vorangeht – unterbrochen von Phasen scheinbaren Stillstands – wechseln auch beim Wachstum Schübe und Stillstände einander ab. Die bekanntesten großen Wachstumsschübe sind der so genannte postpartale Wachstumsschub unmittelbar nach der Geburt, der mittlere Wachstumsschub im Alter von 6 bis 8 Jahren und der pubertäre Wachstumsschub. Ein Neugeborenes ist im Schnitt etwa 51 cm lang und wiegt im Mittel zwischen 3,5 und 3,8 kg. Jungen sind bei der Geburt meist etwas länger und schwerer als Mädchen.

Nach der Geburt folgt eine kurze, knapp zweiwöchige Pause, in der fast alle Kinder um bis zu 300 Gramm abnehmen. Danach steht das rein körperliche Wachstum mit einer fast ununterbrochenen Abfolge von Essen und Schlafen im Vordergrund. Nach einem halben Jahr verdoppeln, nach einem ganzen Jahr verdreifachen Säuglinge ihr Gewicht und haben dann auch etwa 25 cm an Länge zugelegt. Auch in den folgenden Jahren wachsen die Kinder – wenn auch mit allmählich abnehmender Geschwindigkeit – jährlich noch 8 bis 12 cm.

Stillstand oder Schub

Wachstum kann man sehr präzise messen und den Verlauf auch in sehr kleinen Intervallen beobachten. Wachstum erfolgt niemals gleichförmig. Schon bei den Neugeborenen lassen sich im Abstand von wenigen Tagen Miniaturwachstumsschübe mit Spitzengeschwindigkeiten von bis zu 0,2 mm pro Stunde feststellen, immer wieder unterbrochen von kurzen Verlangsamungen oder sogar Stillständen. Diese stetige Abfolge von Schüben und Pausen – man spricht auch von Wachstumssprüngen – ist normaler Bestandteil des Wachstumsvorgangs. Allen, auch krankheitsbedingt verlängerten Wachstums- und Entwicklungspausen folgen immer Phasen beschleunigter Entwicklung. Man nennt dieses verstärkte Wachstum Aufholwachstum. Es kompensiert die vorangegangene Pause.

Das gilt auch für Nervenzellen. Im Anschluss an Erkrankungen und selbst infolge leichter Mangelernährung steigt die Anzahl neu gebildeter Zellen im kindlichen und im erwachsenen Gehirn. Die Neubildung von Dendriten – das sind die kleinen Verästelungen der Nervenzellen – und die Neubildung von Synapsen – das sind die Kontaktstellen, wo die Erregung von einer Nervenzelle auf die andere hinüber springt – sind ebenfalls Wachstumsvorgänge und spiegeln die Bedeutung äußerer Einflüsse auf die Hirnentwicklung wider. So verwundert es nicht, wenn manche Eltern bemerken, dass ihre Kinder nach Krankheit oder Phasen von Appetitlosigkeit auch einen geistigen Entwicklungsschub durchmachen.

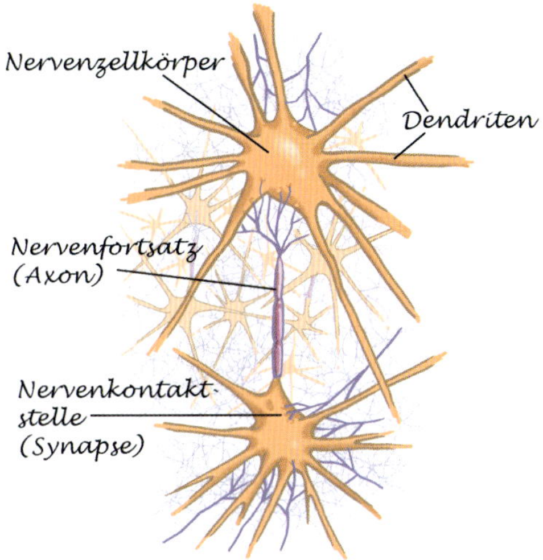

Wie lange wächst das Gehirn?

Während in alten Lehrbüchern noch vermerkt ist, dass das Hirngewicht des Kindes bis ins Alter von 7 Jahren zunimmt und dann das „Erwachsenengewicht“ erreicht hat, wissen wir heute, dass die Hirnentwicklung ein kontinuierlicher Vorgang ist. Neuere Untersuchungen zeigen, dass nicht nur die Ernährung, sondern auch die Gehirnfunktion selbst das Wachstum der Nervenzelle reguliert. Nervenzellen geben nicht nur einfache elektrische Signale weiter, die Zellen empfangen über ihre elektrischen Signale Wachstumsreize, die das Nervensystem unablässig neu und vor allem nach seiner Funktion ausrichten.

Studien mit funktioneller Magnetresonanztomographie – einem neuen, Bild gebenden Verfahren zur Messung und Lokalisation spezifischer Funktionen des menschlichen Hirns – zeigen, dass in zahlreichen Hirnregionen eine Vielzahl streng geordneter, altersabhängiger Veränderungen stattfindet. Wenig genutzte Hirnareale können „abgeschaltet" und abgebaut und viel genutzte Bereiche gezielt stimuliert werden. Dort können sich dann immer wieder neue Nervenzellen entwickeln. Wachstum und Reifung des Zentralnervensystems sind also Vorgänge, die bis weit ins Erwachsenenalter fortschreiten. Auch und gerade unter dem Einfluss von Sport und körperlicher Aktivität bilden sich neue Nervenzellen.

Dieses vielfältige und enge Miteinander von äußeren Reizen auf Neuronenwachstum und Funktion des Hirns macht die große Bedeutung der Eltern als anregende Fürsorger und Erzieher ihrer Kinder besonders deutlich.

Die Pause bis zur Pubertät

Nach dem kleinen mittleren Wachstumsschub im Alter von 6 bis 8 Jahren beginnt ein neuer Abschnitt. Nun tritt die psychosoziale Entwicklung in den Vordergrund und das Wachstum legt mit 5 bis 6 cm pro Jahr eher eine „Pause" ein. Die „Pause bis zur Pubertät" ist eine typisch menschliche Eigenschaft. Man findet sie nicht einmal bei den uns so nahe verwandten Schimpansen. Die meisten Erwachsenen können sich an diese wichtige Zeit oft lückenlos erinnern.

Die Wachstumspause bis zur Pubertät ist von Kind zu Kind unterschiedlich lang und wird von psychologischen und sozialen Faktoren beeinflusst. Kinder, die ursprünglich aus Entwicklungsländern stammen und von europäischen Familien adoptiert wurden, verkürzen diese Pause und pubertieren zumeist früher als europäische Kinder und auch früher als die Kinder in ihren Herkunftsländern. Es ist bis heute nicht bekannt, warum das so ist. Die Unberechenbarkeit dieser Pause ist einer der Gründe, warum sich Wachstum gerade kurz vor der Pubertät so schlecht vorhersagen lässt.

Entwicklungstempo

Kinder wachsen nicht nur unterschiedlich hoch, sie entwickeln sich auch mit unterschiedlichem Tempo. Mädchen sind grundsätzlich schneller als Jungen, aber auch innerhalb desselben Geschlechts finden sich bei gleichem Kalenderalter deutliche „biologische Altersunterschiede", das sind Unterschiede in der körperlichen Reife. Bei der Einschulung beträgt dieser Unterschied bereits 6 bis 12 Monate, zu Beginn der Pubertät sind es 1½ bis 2 Jahre. Dann sitzen in derselben Klasse die Kleinen, immer noch Kindlichen zwischen den Großen, fast Erwachsenen, und manch ein Lehrer oder Sporttrainer verzweifelt an dem Miteinander von Früh- und Spätentwicklern. Wachstum hat also nicht nur etwas mit Größe zu tun. Zu berücksichtigen ist bei allen Kindern auch das individuelle Tempo, mit dem die körperliche Reife voranschreitet. Und: Körperliche und geistig-seelische Reife gehen nicht immer im Gleichschritt.

Man kann das biologische Alter, also den Grad der körperlichen Reife abschätzen, indem man ein Röntgenbild der Hand anfertigt. Aus Gründen der Vereinheitlichung wird immer die linke Hand gewählt. Die parallel mit der körperlichen Entwicklung einhergehende Einlagerung von Kalzium in die Knochen führt zu altersabhängigen und sehr charakteristischen Mustern, die sich besonders gut in Röntgenbildern von Hand und Handgelenk darstellen lassen. So kann man einem Röntgenbild der Hand ein bestimmtes „Knochenalter" zuordnen, unabhängig davon, wie alt das Kind tatsächlich ist. Auf diese Weise legt man ein biologisches Alter fest. Rein körperliche Reife und Skelettwachstum richten sich eher nach dem biologischen als nach dem Kalenderalter.

Früher waren die Menschen kleiner

Wer hat sich nicht schon in alten Bauernhäusern den Kopf gestoßen? Vor 140 Jahren waren mitteleuropäische Männer im Schnitt 1,65 m groß, Frauen meist unter 1,60 m. Erst Anfang des 20. Jahrhunderts begannen die Menschen deutlich größer zu werden. Säkularer Trend heißt dieses Phänomen, aber woran liegt das?

Schon im 19. Jahrhundert erkannte man, dass gesunde und gut ernährte Menschen größer werden als Kranke und Mangelernährte. Im 20. Jahrhundert wurden die Hypothesen zahlreicher: Von mehr Milch, mehr Licht, von besseren sozialen und ökonomischen Lebensbedingungen war die Rede, und für jede dieser Hypothesen wurden viele plausible Gründe angeführt.

- Untersuchungen an Stuttgarter Schulkindern seit Beginn des Ersten Weltkrieges zeigen, dass die hungernden Schüler der Kriegs- und Nachkriegsjahre im Mittel um bis zu 7 cm kleiner waren als die wohlgenährten vorangegangenen Jahrgänge. Gleiches wurde an norwegischen Schulkindern zur Zeit der deutschen Besetzung beobachtet.

- Im 19. Jahrhundert wuchsen Bauernkinder besser als Stadtkinder. Neuere Studien haben gezeigt, dass ein hoher Milchkonsum zu einem Anstieg von IGF-I, einem wichtigen Wachstumsfaktor, führt. Vermutlich hatten die Stadtkinder auch Eiweißmangel oder einen Vitamin-D-Mangel (Rachitis). Vitamin-D-Mangel tritt im Winter häufiger auf, denn die Bildung des aktiven Vitamin D in der Haut hängt vom Tageslicht ab. Vitamin D ist für die Aufnahme von Kalzium und seinen Einbau in die Knochen wichtig.

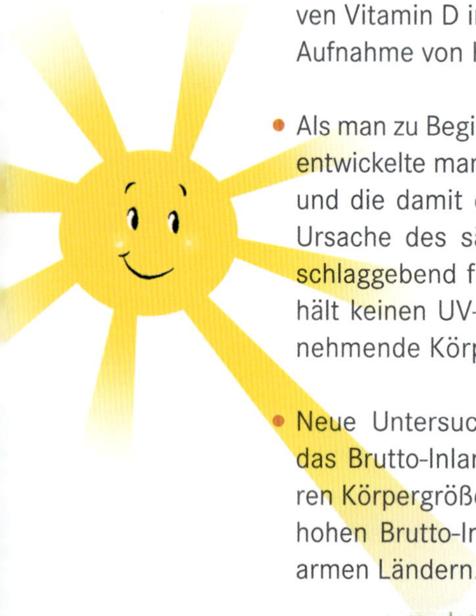

- Als man zu Beginn des 20. Jahrhunderts diese Zusammenhänge erkannte, entwickelte man die „Lichttheorie". Sie hielt die Elektrifizierung in Europa und die damit einhergehende Stadtbeleuchtung im großen Stil für die Ursache des säkularen Trends. Man weiß heute, dass UV-Licht ausschlaggebend für die Vitamin-D-Bildung ist, aber künstliches Licht enthält keinen UV-Anteil. Insofern haben die Elektrifizierung und die zunehmende Körpergröße wohl nichts miteinander zu tun.

- Neue Untersuchungen von Wirtschaftswissenschaftlern zeigen, dass das Brutto-Inlandsprodukt eines Landes Hand in Hand mit der mittleren Körpergröße der Einwohner geht: Menschen aus Ländern mit einem hohen Brutto-Inlandsprodukt sind im Mittel größer als Menschen aus armen Ländern.

Aber nicht alle Menschen des 19. Jahrhunderts waren krank und mangelernährt oder lebten unter schlechten sozialen und ökonomischen Bedingungen. Ganz im Gegenteil: Auch vor 150 Jahren gab es Wohlstand. Trotzdem erreichte praktisch niemand eine Körpergröße von mehr als 1,90 m. Der Anstieg der mittleren Erwachsenengröße um fast 20 cm in fast allen europäischen Ländern ist bisher nicht hinreichend erklärbar.

Alle genannten Studien und Untersuchungsergebnisse sind heutigen Müttern und Vätern kaum bekannt. Und weil nach wie vor die Überzeugung besteht, dass der Kleinwuchs unserer Groß- und Urgroßeltern Ausdruck von Krankheit und Mangel sei, neigt man auch heute noch dazu, Kinder zu überfüttern, besonders mit Eiweiß, mit Fleisch, Milch und Milchprodukten. Wir wissen seit einigen Jahren, dass gerade diese Ernährungsgewohnheiten einen eher ungünstigen Einfluss auf das Wachstum haben und ein wesentlicher Grund für Übergewicht sind.

Wachstum und Wohlbefinden

Erschwerte psychosoziale Verhältnisse behindern das Wachstum, gute Bedingungen fördern es. Das betrifft auch die Körperproportionen. Sie spiegeln das soziale und ökonomische Umfeld wider. Unter guten Bedingungen – besonders in der frühen Kindheit – wachsen Arme und Beine schneller als der Rumpf und werden entsprechend lang. Die Feudalherren des 18. Jahrhunderts waren langgliedrig und im Schnitt rund 15 cm größer als die Bauern der Umgebung. Wachstum und Körperproportion sind ein Spiegel des allgemeinen Wohlbefindens.

Umgekehrt sind Körpergröße und Proportion aber auch ein wichtiger Faktor für die Selbstwahrnehmung. Wohlbefinden, Wachstum und Erfolg bedingen sich gegenseitig und unterstreichen die Bedeutung der Begleitung und Erziehung des Kindes, der liebevollen Zuwendung, des stressfreien Tagesablaufes. Eltern brauchen sich keine Sorgen zu machen, wenn ihre Kinder einmal wenige Tage mit Husten und Schnupfen im Bett verbringen müssen. Natürlich führen auch kurze Krankheiten zu Entwicklungspausen, aber es folgt immer das kompensierende Aufholwachstum. Wichtig bleibt eine langfristig angstfreie und heitere Kindheit.

Kapitel 3
Körper und Gefühle

Prof. Manfred Spitzer, Ulm:
Ärztlicher Direktor der Universitätsklinik für Psychiatrie;
Gründer und Leiter des Transferzentrums für Neurowissenschaften und Lernen

Für Kinder!

Wie fühlst du dich?

In dieses Kapitel hat sich ganz frech und zunächst noch schemenhaft jemand eingeschlichen, der auf den späteren Seiten eine wichtige Rolle spielt. Wer das ist? Folgt einfach den Fußspuren ...

Ihr habt sicher schon einmal gemerkt, dass man sich nicht immer gleich fühlt. Manchmal zum Beispiel fühlt man sich müde. Man hat keine Lust, irgendetwas zu tun, möchte sich bloß noch hinlegen und schlafen. Genauso kommt es vor, dass man ganz wach ist, irgendetwas kaum erwarten kann. Am Tag vor seinem eigenen Geburtstag zum Beispiel kann man oft nicht gut einschlafen: Man ist aufgeregt, überlegt sich, was am nächsten Tag alles passiert. Müdigkeit und hellwache Aufregung sind Gefühle.

Wer schon einmal bei einem Spaziergang seine Eltern nicht mehr gefunden hat, oder wer plötzlich in einem dunklen Keller war und das Licht ging aus, oder wer einmal von einem bösen Hund angegriffen wurde, der kennt ein anderes Gefühl: Angst. Das Herz klopft, man zittert und ist ganz angespannt. Wer dagegen ein Geschenk bekommt, das er sich schon lange gewünscht und mit dem er gar nicht mehr gerechnet hat, der kennt noch ein Gefühl: Glück.

Es gibt noch andere Gefühle wie zum Beispiel Wut, Ekel, Überraschung und Entspannung. Alle Gefühle sind Zustände unseres Körpers und zugleich auch unseres Geistes. Sie haben etwas zu tun mit dem, was wir wahrnehmen und denken. Gleichzeitig ändert sich auch etwas in unserem Körper, das wir direkt spüren. Vereinfacht gesagt gibt es zwei Sorten von Gefühlen: gute und schlechte. Angst, Wut oder Ekel sind unangenehm. Wir wollen einen solchen Gefühlszustand entweder ganz vermeiden oder rasch beenden. Freude, Glück oder Neugier hingegen sind schön, wir mögen solche Gefühle.

Wäre es nicht manchmal besser, wir hätten gar keine Gefühle? Dann würden wir uns gelegentlich besser fühlen. Aber so richtig gut würden wir uns dann auch nicht fühlen! Es ginge uns so wie „Mr. Spock", dem gefühllosen außerirdischen Wesen aus den Star-Trek-Filmen, das nur vernünftig denken, aber weder fröhlich noch traurig sein kann.

Warum gibt es überhaupt Gefühle?

Gefühle sind etwas sehr Persönliches. Können Forscher sie also gar nicht untersuchen? Wer kann schon so tief in mich hineinschauen, dass er meine Angst genau kennt oder meine Neugierde oder mein Glück? Die Forschung zu Gefühlen gibt es trotz großer Schwierigkeiten dennoch. Du kannst übrigens deine Gefühle auch selbst erforschen: Lege deinen rechten Zeige- und Mittelfinger auf die Innenseite deines linken Handgelenks an der Seite des Daumens. Mit etwas Übung spürst du dann ein leichtes Pochen – deinen eigenen Puls. Zählst du nun, wie oft es in einer Minute pocht, so hast du deinen so genannten Pulsschlag ermittelt.

Bei Kindern ist der Puls übrigens schneller als bei Erwachsenen, und wenn man schnell rennt, ist der Puls schneller, als wenn man auf dem Sofa liegt. Gefühle ändern den Puls auch: Wenn du ruhig auf dem Sofa liegst und dich jemand erschreckt, dann wird dein Puls schneller. Wenn du dich ganz tief entspannst und dich ganz wohl fühlst, wird dein Puls langsamer. Was man spürt, wenn man seinen eigenen Puls fühlt, ist das Schlagen des Herzens, das unser Blut durch den Körper pumpt. Alle Organe vom Gehirn bis zu den Muskeln in unseren Füßen brauchen Blut, mal mehr und mal weniger.

Hier liegt ein wichtiger Grund für unsere Gefühle. Wenn dich ein knurrender, bissiger Hund verfolgt, dann ist es wichtig, dass durch die Muskeln in deinen Beinen viel Blut fließt, damit sie auf Hochtouren arbeiten können. Nur so hast du eine Chance, schnell genug der Gefahr zu entfliehen. Deswegen sorgt Angst dafür, dass unser Herz schnell schlägt, so dass wir Höchstleistungen vollbringen können. Gleichzeitig schaltet Angst aber auch unser Denken ab, denn wer lange überlegt, wenn ein bissiger Hund hinter ihm her ist, der lebt gefährlich. Angst hat also Vor- und Nachteile. Man kann bei einem Gefühl von Angst gut wegrennen, aber schlecht denken.

Wer schon einmal gemütlich in einer warmen Badewanne oder unter einer warmen Decke gelegen hat, der weiß, dass man in einer solchen Situation viele Einfälle hat: Die Gedanken wandern von Geschichten zu Erlebnissen, Begebenheiten, Bildern und wieder neuen Gedanken. Haben wir ein wohliges, kuscheliges Gefühl, können wir also offensichtlich gut denken.

Wer aber schon einmal versucht hat, aus dem warmen Bad auszusteigen und dann ganz schnell loszurennen, der wird merken, dass das nicht so gut geht. Das gute Gefühl im warmen Bad sorgt also dafür, dass wir gut denken, aber schlecht rennen können. Das Beispiel zeigt: Gefühle bewirken etwas bei uns, sie verändern unseren Körper und unseren Geist. Wer wütend ist, der kann gut kämpfen, wird aber wenig lernen können. Wer neugierig ist, der kann gut lernen, ist aber zum Kämpfen nicht aufgelegt.

Vollautomatisch?

Es scheint auf den ersten Blick so, als könnten wir gar nichts an unseren Gefühlen ändern: Wenn uns jemand etwas schenkt oder uns freundlich anlächelt, dann freuen wir uns. Wenn etwas übel riecht, dann ekeln wir uns. Wenn uns ein Hund anknurrt, dann haben wir Angst. Auch Babys haben Gefühle, sie lachen oder sie weinen laut, sind manchmal müde und manchmal munter. Von einer Sekunde zur anderen erleben sie manchmal ganz unterschiedliche Gefühle. Manche Erwachsenen scheinen dagegen überhaupt keine Gefühle zu haben: Sie lächeln nie und weinen auch nie, sondern sind irgendwie immer gleich, fast wie Mr. Spock. Wie kommt das?

Je älter ein Mensch wird, desto mehr lernt er. Man lernt nicht nur laufen und sprechen, lesen, schreiben und rechnen oder die Hauptstädte von manchen Ländern und gar eine fremde Sprache; nein, man lernt auch, mit sich selbst besser klar zu kommen. „Jetzt reiß dich aber mal zusammen", sagt der Vater zu seinem kleinen Sohn, der so große Angst vor Nachbars Hund hat. Der Vater weiß, dass es ein lieber Hund ist, der zwar manchmal kläfft oder knurrt, aber keinem Menschen etwas tut.

Deswegen sagt er seinem Sohn, dass er keine Angst vor dem Hund zu haben braucht. Es mag sein, dass der Hund weiter grimmig knurrt und dass der Sohn sich ein bisschen an das Knurren gewöhnt. Die Angst wird etwas weniger und bei der nächsten Begegnung mit dem Hund hat der Sohn nicht mehr ganz so viel Angst.

Nach ein paar solchen Begegnungen mit dem knurrenden Hund wird das Kind dann nicht mehr von der Angst beherrscht; es ist vielmehr anders herum: Das Kind beherrscht seine Angst! Wenn Menschen erwachsen werden und alles gut läuft, dann lernen sie nicht nur viel über die Welt, sie lernen auch, ihre eigenen Gefühle zu beherrschen. Das ist wichtig, denn wer von seinen Gefühlen beherrscht wird, dem machen sie ein vernünftiges Leben oft schwer.

Heulsuse oder Lachsack?

Wenn man sich und seine Gefühle besser beherrschen lernt, dann heißt das keineswegs, dass man dann keine Gefühle mehr hat. Gefühle sind wichtig, und die guten Gefühle sind ja auch sehr schön. Trotzdem heißt erwachsen werden auch, seine Gefühle zu kennen und zu wissen, wie man mit ihnen umgeht. Kleinen Kindern verzeiht man, wenn sie ihre Gefühle nicht im Griff haben. Sie lachen oder weinen und können nichts dafür. Werden die Kinder älter, dann erntet die „Heulsuse“ Spott und der Junge, der bei einer Beerdigung dauernd lacht, ist seinen Eltern peinlich. Spott und Peinlichkeit sind übrigens auch Gefühle!

Gute Eltern sorgen dafür, dass Kinder ihre Gefühle immer besser im Griff haben und nicht heulen oder lachen, wenn es wirklich gar nicht passt. Solche Eltern wollen nicht etwa – um das noch einmal ganz klar zu sagen –, dass ihre Kinder gar keine Gefühle mehr haben. Vater und Mutter möchten vielmehr, dass ihre Kinder mit ihren Gefühlen umgehen können. Damit haben sie etwas sehr Wichtiges für ihr ganzes Leben gelernt.

Wie kommt es, dass Geist und Körper beim Gefühl so gut zusammenarbeiten? Diese Frage ist bis heute nicht vollständig beantwortet, aber die Wissenschaft hat dennoch Interessantes dazu herausgefunden. Ganz wichtig bei Gefühlen sind die Hormone. Das sind Stoffe wie Zucker oder Salz, die unser Körper selbst produziert, um Informationen von einem Organ zum anderen zu übermitteln, ähnlich wie es auch die Nerven tun. Die ersten Hormone wurden vor etwa 100 Jahren entdeckt, und mittlerweile kennt man sehr viele davon.

Betrachten wir ein einfaches Beispiel: Der Junge steht vor dem knurrenden Hund und hat Angst. Wenn man Angst hat, dann produziert eine Drüse im Körper, die neben der Niere sitzt und deswegen auch „Nebenniere“ genannt wird, das Hormon Adrenalin. Sobald sich das Adrenalin im Blut befindet, schlägt das Herz schneller, der Blutdruck steigt und die Muskeln werden stärker angespannt.

Gleichzeitig beschränken sich die Gedanken auf das Nötigste. Der Körper ist auf Kämpfen oder Flüchten vorbereitet, und das ist auch gut so. Denn wenn man vor etwas Angst hat, dann muss man wahrscheinlich bald kämpfen oder flüchten. Das Hormon Adrenalin sorgt also dafür, dass sich in unserem Körper und in unserem Geist etwas verändert. Diese Veränderungen wiederum erleben wir und spüren dadurch, wie sich Angst anfühlt. Hormone und Gefühle sind also eng miteinander verknüpft.

So ein Stress!?

Manchmal können Gefühle und Hormone auch krank machen. Das ist zum Beispiel der Fall, wenn ein Mensch Stress hat. „So ein Stress!“, sagt der dicke Mann, der die Treppe laufen muss, weil der Fahrstuhl in den zweiten Stock kaputt ist. Damit liegt er aber falsch! Stress ist nämlich nicht, wenn man sich anstrengt oder schwitzt. Stress ist vielmehr, wenn jemand mit dir schimpft, ohne dass du etwas dafür kannst und ohne dass du davon etwas geahnt hast. Stress hat man immer dann, wenn etwas passiert, das nicht gut und zugleich unerwartet ist. Wird der Vater arbeitslos, hat er Stress. Muss die Mutter ins Krankenhaus, hat sie Stress. Und das Kind hat Stress, wenn es eine 5 in Mathe bekommt, obwohl es fleißig gelernt hat. Auch Stress ist ein Gefühl: Man ist hilflos, ängstlich und etwas wütend zugleich – fühlt sich also schlecht. Geschieht das häufiger, dann kann man krank werden.

Auch das liegt an den Hormonen. Im Falle von Stress nennt man das beteiligte Hormon daher auch „Stress-Hormon“. Es entsteht auch in der Nebenniere – nicht genau da, wo Adrenalin erzeugt wird, aber ganz in der Nähe. Und bei Stress wird es ausgeschüttet. Es teilt vielen anderen Organen im Körper mit, dass in den nächsten Stunden ein Notfall herrscht. Daher wird in den Muskeln Zucker produziert, um alle Organe weiter mit Energie versorgen zu können. Die Nervenzellen werden auf Volldampf gebracht und der ganze übrige Körper auch. Diese Situation ist für den Körper gar nicht schlecht – wenn nach einiger Zeit der Stress wieder aufhört.

Hört er aber nicht auf, dann bewirkt dauernder Stress, dass der Körper sich sozusagen gegen sich selbst wendet: Der viele Zucker aus den Muskeln macht schwach und zuckerkrank, die Belastung schwächt das Herz und es können sogar Nervenzellen absterben. Daher ist es sehr wichtig, seine Gefühle im Griff zu haben. Wer immer denkt, dass er ein Pechvogel und seinem Schicksal hilflos ausgeliefert ist, hat oft Stress und wird krank.

„Das schaffe ich schon!“

Betrachten wir als Beispiel eine Untersuchung an 82 Feuerwehrleuten, die vor ihrer Ausbildung zu sich und ihrem Leben befragt wurden. Manche sagten dabei Sätze wie „Ich kann das einfach nicht!“ oder „Bei dem Job werde ich noch verrückt!“ Sie machten sich also ganz klar Stress. Andere wiederum waren optimistisch und sagten Sätze wie „Das schaffe ich schon!“ Nach etwa 1½ Jahren wurden die Feuerwehrleute erneut befragt, wie ihnen zumute war. Sie hatten inzwischen viele Gefahren erlebt: jeder unter anderem im Durchschnitt zwei schwere Unfälle oder Feuersbrünste. Es zeigte sich: Bei den Feuerwehrmännern, die sich selbst und ihr Leben eher mit Ablehnung betrachteten, wirkte sich der Stress bei ihrer Arbeit deutlicher stärker aus. Je negativer sich die Feuerwehrmänner sahen, desto mehr Stress empfanden sie 2½ Jahre später und desto eher waren sie krank.

Es ist also wichtig, seine Gefühle zu kennen und zu verstehen. Denn sie sind dazu da, uns das Leben leichter zu machen. Sie stellen unseren Körper und unseren Geist auf die jeweilige Situation ein – und schwupp: Ohne zu überlegen, machen wir automatisch das Richtige. Und wenn sie uns dann manchmal ärgern, haben wir sie im Griff und nicht sie uns. Denn man kann lernen, ja sogar üben, mit seinen Gefühlen richtig umzugehen – wie der Junge mit der Angst vor dem Hund. Jeder hat dabei mit den Gefühlen seine eigenen Schwierigkeiten: Der eine ekelt sich kaum, ist aber sehr schüchtern (auch ein Gefühl), beim anderen ist es umgekehrt. Wichtig ist: Mit genug Übung kann jeder lernen, mit seinen Gefühlen richtig umzugehen. Man lebt dann fröhlicher und wird weniger krank.

Kapitel 4

Die Organe und ihre Funktionen

Und wie tickst du?

Nina und Tim sind begeisterte Forscher und Tüftler. Sie bauen gern neue Sachen, schrauben an kaputten Dingen herum und zerlegen mit Vorliebe überflüssigen Kram in Einzelteile. Heute besuchen sie mit Ninas Opa Jupp das Uhrenmuseum. Darauf haben sie sich schon lange gefreut, denn dort gibt es allerhand zu bestaunen: große Turmuhren und winzige Taschenuhren, funkgesteuerte, elektrische oder mechanische Uhren, außerdem extra gebaute Modelle.

Fasziniert betrachten Nina und Tim das vergrößerte Modell eines mechanischen Uhrwerks. Ein ganz schön komplizierter Mechanismus! Und so viele verschiedene Teile, Schrauben, Federn und Rädchen! „Das sieht ja aus wie eine kleine Fabrik!", meint Tim und drückt seine Nase am Schaukasten platt. Opa Jupp stimmt zu: „Und jedes einzelne Teil ist wichtig und könnte ohne die anderen Teile nicht funktionieren. Alle sind voneinander abhängig. Nur dann klappts mit dem Zeitmessen. Und darin besteht ja die Aufgabe einer Uhr." „Du meinst, dass ohne diese vielen Teilchen eine Uhr gar nicht tickt?", fragt Nina. „Genau!", antwortet Opa Jupp. „Ohne das komplizierte Uhrwerk würde die Uhr nicht gehen. Das Uhrwerk ist sozusagen das Herz der Uhr."

Tim wird nachdenklich: „Wieso klopft unser Herz eigentlich? Und für was brauchen wir die vielen Organe in uns drin? Brauchen die sich auch gegenseitig? Und für was sind die einzelnen Organe wichtig?" „Ja, wie ticken eigentlich wir Menschen?", fragt Nina neugierig. „DU tickst jedenfalls oft falsch!", sagt Tim grinsend und zeigt Nina einen Vogel. Die tippt sich ebenfalls mit dem Zeigefinger an die Stirn und antwortet: „Und DU tickst sowieso nicht richtig!"

Ja, und dann haben Opa Jupp, Nina und Tim gutgelaunt ihren Rundgang durch die Uhrenausstellung fortgesetzt mit dem festen Vorsatz, beim nächsten Treffen mal in Büchern nachzuschauen, wie Menschen so ticken ...

Zuhause bei Toby

Toby hat die Menschenkinder im Museum belauscht und ist danach geschwind in seine Höhle geeilt. Eine Art Ticken oder besser Klopfen hat Toby an seinen Handgelenken schon mal festgestellt. Vorsichtig legt er jetzt zwei Finger auf die Innenseite des linken Handgelenks. Da ist es wieder: ein regelmäßiges, sanftes Pochen. Ob das mit seinem Herz zu tun hat? Was kann das Geheimnisvolles sein? Toby befragt die Flammen:

Das Uhrwerk in der Brust

Ein ganzes Leben lang klopft das Herz in unserer Brust. Es ist das Uhrwerk, das unseren Körper in Betrieb hält. Unermüdlich pumpt es Blut durch die Blutgefäße. Das Herz ist ein Muskel, ungefähr so groß wie unsere Faust. Immer wieder zieht es sich zusammen und erschlafft. Spannt sich der Herzmuskel an, spricht man von der Systole. Dabei presst er das Blut in die Adern. Entspannt sich das Herz, füllt es sich wieder mit Blut. Das ist die Diastole. Systole und Diastole beschreiben den immer währenden Rhythmus unseres Herzens.

Das Herz hat zwei Aufgaben, die von den beiden Herzhälften übernommen werden. Jede von ihnen hat zwei Innenräume: einen kleinen Vorhof und eine Kammer. Die Vorhöfe sammeln das Blut und lassen es in die Kammern fließen. Die Kammer der linken Herzhälfte pumpt frisches, sauerstoffreiches Blut durch den ganzen Körper, bis es wieder zum rechten Teil des Herzens gelangt. Diesen Kreislauf nennt man Körperkreislauf. Die rechte Kammer befördert jetzt das sauerstoffarme Blut in die Lunge. Dort tankt es Sauerstoff und strömt zum linken Herzteil zurück. Das ist der Lungenkreislauf.

Damit sich neues und verbrauchtes Blut nicht mischen, sind die Herzhälften durch eine Wand – die Herzscheidewand – voneinander getrennt. Um zu verhindern, dass das Blut in die Vorhöfe zurückfließt, hat das Herz außerdem vier Herzklappen. Sie sitzen zwischen Vorhof und Kammer sowie am Ausgang der Kammern zum Blutgefäß. Die Klappen öffnen sich nur in eine Richtung. Sie schließen sich automatisch, wenn das Blut herausgeströmt ist.

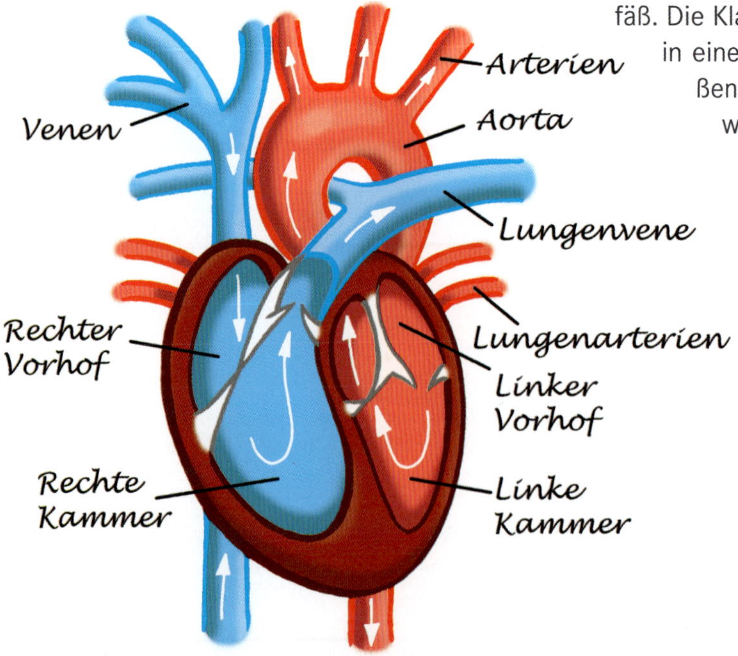

In Ruhe schlägt das Herz eines Erwachsenen etwa 70 bis 90 Mal in der Minute, ein Kinderherz schlägt öfter, ungefähr 90 bis 110 Mal pro Minute. Das ist der Pulsschlag. Bei jedem einzelnen Herzschlag drückt das Herz ungefähr eine halbe Tasse voller Blut in den Körper. Das sind bei Erwachsenen fast fünf Liter Blut in einer Minute, bei Kindern je nach Alter weniger.

Tobys Tipps

Streng dich einmal richtig an: Lauf zum Beispiel schnell die Treppen im Hausflur hinauf oder renne eine kurze Strecke auf dem Fußweg oder dem Sportplatz. Merkst du, wie stark dein Herz klopft? Es arbeitet jetzt besonders kräftig und pumpt viel mehr Blut in den Körper als sonst, etwa fünfmal so viel. Dadurch wird der Körper schneller mit mehr Sauerstoff versorgt, den vor allem die Muskeln bei körperlicher Anstrengung verstärkt brauchen.

Das Herz arbeitet von ganz allein. Im rechten Vorhof sitzen darauf spezialisierte Muskelzellen. Sie werden Sinusknoten genannt und geben dem Herzen fortwährend elektrische Signale, sich zusammenzuziehen und zu erschlaffen. Der Sinusknoten gibt den Takt unseres Herzschlags an.

Winzig kleine Luftballons

Das Blut ist der Lebenssaft, der in jede noch so entlegene Körperzelle Sauerstoff, Nahrung und alles transportiert, was die Zellen noch benötigen. Das Blut fließt in einem Blutkreislauf, einem weit verzweigten Netz von Blutgefäßen. Das sind elastische Röhren, die wie ein Schlauchsystem den ganzen Körper durchziehen. Arterien nennt man die Gefäße, die sauerstoffreiches Blut vom Herzen zu den Körperorganen bringen. Sie heißen auch Schlagadern. Die Venen leiten das verbrauchte Blut zum Herzen zurück.
Arterien haben eine starke Muskelschicht in der Wand, die sich erweitert und verengt. Auf diese Weise unterstützen sie die Pumpkraft des Herzens durch die Gefäße. Die Venen haben das nicht. Aber wie schaffen sie es, dass das Blut nicht zurückfließt? Sie haben Venenklappen. Diese funktionieren wie Ventile, die das Blut zum Herzen leiten. Die Blutgefäße – sowohl Arterien als auch Venen – werden immer feiner und verzweigen sich immer mehr, je weiter sie in den Körper hineinreichen. Am Ende sind sie ganz, ganz fein, dünner als Haare. Deswegen heißen die kleinsten Blutgefäße auch Haargefäße oder Kapillaren. In diesen Mini-Röhrchen wird der Sauerstoff aus dem Blut an die Körperzellen und aus den Zellen die „verbrauchte" Luft in Form von Kohlendioxid zum Rücktransport an das Blut abgegeben.

Sauerstoff ist für den Körper lebenswichtig. Die Zellen brauchen ihn dringend, um die Nährstoffe in Energie zu verwandeln. Ohne Sauerstoff wäre das nicht möglich und wir könnten nicht verdauen, uns nicht bewegen, nicht denken. Er gelangt beim Atmen durch Nase und Mund über den Rachen und die Luftröhre in die Bronchien. Diese bilden in der Lunge einen Bronchialbaum mit vielen Ästen und Verzweigungen. Die Lunge hat einen rechten und einen linken Lungenflügel, die fast den gesamten Brustkorb ausfüllen. In beide ragt der Bronchialbaum hinein.

Toby wundert sich: In einem Menschen steckt ein ganzer Baum? Wie kann das sein?

Es ist natürlich kein richtiger Baum, er sieht nur so ähnlich aus. Seine Äste werden immer feiner und feiner und enden schließlich in Lungenbläschen, die sich beim Einatmen wie winzig kleine Luftballons mit Luft füllen und beim Ausatmen zusammensacken. Beide Lungenflügel haben zusammen etwa 300 Millionen Lungenbläschen, von denen jedes von vielen Blut-Haargefäßen umgeben ist. Sie haben so dünne Wände, dass sie den Sauerstoff aus den Lungenbläschen in ihr Blut aufnehmen können.

An die Lungenbläschen gibt das Blut auch etwas ab: Kohlendioxid, ein giftiges Gas, das die Körperzellen bei ihrer Arbeit produzieren. Es gelangt mit dem Blut in die Lungenbläschen und mit der Luft, die wir ausatmen, aus dem Körper hinaus.

Wie ein Apfel in die Zelle kommt

Sauerstoff und Nährstoffe sind lebensnotwendig. Nährstoffe nimmt der Körper mit dem Essen auf. Unser Körper wächst und wird ständig umgebaut: Durch Zellteilung entstehen immer wieder neue Zellen, die ältere oder verletzte Zellen ersetzen. Dafür benötigt unser Körper Baustoffe. Natürlich rutscht dabei zum Beispiel kein ganzer Apfel in die Zelle. Er wird in winzig kleine Teilchen zerlegt, bevor die Zellen Bestandteile von ihm aufnehmen können. Das nennt man Verdauung. Die daran beteiligten Organe funktionieren wie eine Fabrikanlage: Sie zermalmen, produzieren, transportieren, bauen ab und um, speichern und entsorgen. Die Verdauung beginnt im Mund. Zunächst fühlt und schmeckt die Zunge das Essen und testet, ob es in Ordnung ist. Dafür hat sie an verschiedenen Stellen auf der Zunge Sensoren, die so genannten Geschmacksknospen.

Vor allem im hinteren Bereich der Zunge kann jeder diese Knospen als „kleine Pickelchen“ sehen. Sie erkennen die verschiedenen Geschmacksrichtungen. Speicheldrüsen im Mund produzieren Spucke. Wer intensiv an sein Lieblingsessen denkt, dem passiert das auch schon, bevor die Speise im Mund ist: Dann „läuft das Wasser im Mund zusammen“. Der Speichel lässt aus der Nahrung einen Brei entstehen. Er enthält aber auch Stoffe, die schon die Kohlenhydrate chemisch zerlegen. Beim Schlucken rutscht der Nahrungsbrei durch den Rachen in die Speiseröhre und gelangt in den Magen.

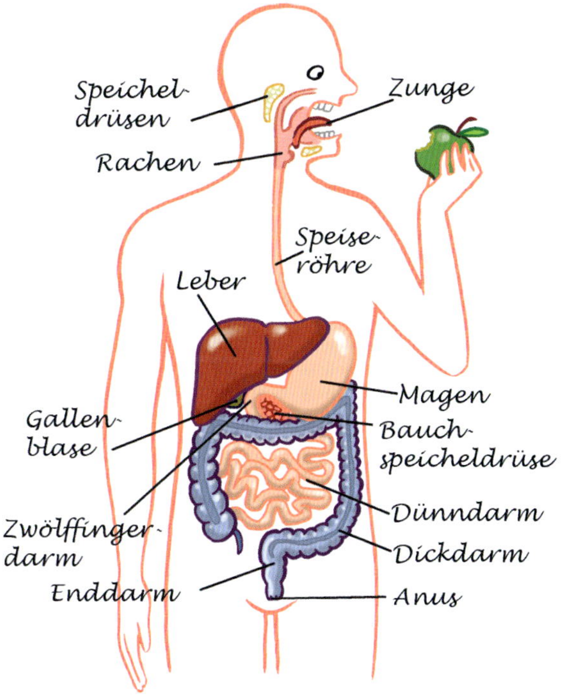

Der Magen ist wie ein elastischer Beutel, der sich je nach Inhalt ausdehnen kann. In der Magenschleimhaut sitzen Drüsen. So nennt man kleine Organe, in denen sich eine Flüssigkeit bildet, die sie entweder im Körper oder nach draußen abgeben. Die Magendrüsen produzieren sauren Magensaft. Er enthält Salzsäure. Sie zersetzt die Nahrung weiter und zerstört aufgenommene Bakterien. Damit der Saft nicht den Magen selbst angreift, geben die Drüsen außerdem einen Schleim ab, der ihn schützt. Der Magen würde sich sonst selbst verdauen. Muskeln in der Magenwand bewegen den Speisebrei wie in einer Mischmaschine hin und her, bevor sie ihn zum Magenausgang schieben. Dort rutscht er am Magenpförtner vorbei. Er heißt tatsächlich so und ist ein ringförmiger Muskel, der sich öffnet, den Nahrungsbrei in den Darm flutschen lässt und sich danach wieder schließt.

Durch Knurren macht sich der Magen bemerkbar, wenn es längere Zeit nichts zu essen gab. Die Muskeln in der Magenwand bewegen dann statt Nahrung nur Magensaft und Luft, dadurch entsteht das Knurren.

Im anschließenden Dünndarm werden die Nahrungsstoffe chemisch weiter in winzigste Bausteine zerlegt, so dass sie durch die Darmwand passen und mit dem Blut zu den Körperzellen gelangen. Der Dünndarm ist drei bis fünf Meter lang. Damit der Dünndarm in den Bauch passt, liegt er in Schlingen übereinander. In den oberen Teil des Dünndarms fließen aus der Gallenblase und der Bauchspeicheldrüse Verdauungssäfte hinein. Der Darminhalt wird danach wieder kräftig durchgemischt und im Dünndarm immer weiter in Richtung Dickdarm geschoben.

In Falten gelegt

Die Darmwand ist nicht glatt, sondern wirft Falten und hat Zotten. Das sind Ausstülpungen, die wie klitzekleine Finger in den Darm hineinragen. Auf jeder Zotte sitzen obendrauf feine Bürstchen. Sie nehmen die winzig kleinen Bausteine, in die die Nahrungsstoffe zerlegt wurden, auf und können auf diese Weise eine ganze Menge „schlucken". Interessant ist, dass in der Schleimhaut von Magen und Darm viele Abwehrzellen sitzen, die Krankheitserreger bekämpfen. Es sind so viele, dass sie sogar das größte Abwehrsystem im Körper bilden.

Die Hauptverdauung geschieht im Dünndarm. Unten rechts im Bauch sitzt der Blinddarm, das ist der Übergang vom Dünndarm zum Dickdarm. Dieser Blinddarm hat ein kleines Anhängsel, das wie ein Wurm aussieht und deshalb auch Wurmfortsatz heißt.

Der Wurmfortsatz kann sich manchmal entzünden. Dann spricht man von einer Blinddarmentzündung und muss meistens operiert werden. Bei einer „Blinddarm-Operation" wird aber nicht der Blinddarm, sondern nur der Wurmfortsatz entfernt.

Im Dickdarm werden dem Brei dann nur noch Mineralien und vor allem Wasser entzogen und über das Blut weiter zu Zellen und Gewebe geleitet. Außerdem leben im Dickdarm Bakterien, die bisher Unverdauliches, besonders pflanzliche Stoffe, aufspalten. Diese nennt man auch Ballaststoffe. Bei der Umwandlung der Ballaststoffe entstehen Gase, die Schwefelwasserstoff enthalten. Und Schwefel stinkt – das merkt man am Pupsen. Denn dabei entweichen diese Gase aus dem Po. Der Rest des Nahrungsbreies gelangt als Kot durch den Darmausgang nach draußen.

Ein weiteres Organ gehört zur Fabrikanlage: die Leber. Sie liegt im rechten Oberbauch und ist das größte Stoffwechselorgan. Von Stoffwechsel spricht man, wenn der Körper aus dem, was wir essen, Stoffe bastelt, die er für sich nutzen kann. Die Leber hat viele Aufgaben. Sie produziert die Galle, die in der Gallenblase gespeichert wird und die Fette im Darm in feine Tropfen verwandelt, damit sie aufgenommen werden können. Außerdem baut die Leber die im Darm aufgenommenen Bausteine aus den Nahrungsstoffen für den weiteren Gebrauch um und ab. Einige Fette, Vitamine und Speicherzucker werden in der Leber aufbewahrt und bei Bedarf in das Blut abgegeben. Die Leber produziert die Gerinnungsfaktoren. Das sind kleine Klebeeiweiße, die dafür sorgen, dass das Blut bei Verletzungen gerinnt. Und, ganz wichtig: Die Leber entgiftet den Körper, indem sie Abfall aus dem Stoffwechsel, Medikamentenreste und Alkohol abbaut und ins Blut abgibt. Zwei Wege nutzt der Körper, um Abfallstoffe los zu werden: Sie werden entweder über den Darm entsorgt oder sie kommen in die „Filterstation“.

Millionen kleiner Filter

Der Dickdarm scheidet den Abfall in fester Form aus. Außerdem gibt es die beiden Nieren, die Urin, auch Harn genannt, absondern. Die Nieren liegen etwa in der Mitte des Rückens rechts und links neben der Wirbelsäule, dort, wo die Rippenbögen enden. Die Nieren sehen aus wie große Bohnen. Die Nieren bestehen zusammen aus mehr als zwei Millionen kleiner Nierenkörperchen, die das Blut von Schadstoffen reinigen. Jedes einzelne Körperchen funktioniert wie ein winziger Kaffeefilter, nur dass es Blut filtert, zweimal sogar. Blutzellen bleiben im Filter zurück, der „Abfall“ rutscht durch die Poren hindurch. Es handelt sich um Harnstoff, überschüssige Säuren, andere Stoffwechselabfälle und Salze. Danach wird die Flüssigkeit noch einmal gesiebt. Vor allem Wasser, aber auch die abgefangenen Blutzellen und große Eiweiße, die der Körper noch gebrauchen kann, werden über Blutgefäße wieder in den Körper zurücktransportiert. Was übrig bleibt, ist Urin, der über den Harnleiter in die Blase fließt. Ist die Blase voll, drückt es im Unterleib und wir gehen auf die Toilette.

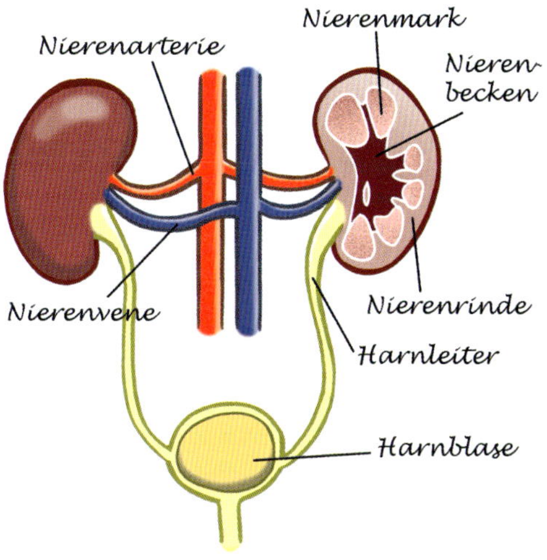

Was den Körper trägt

Ohne stabiles Gerüst würde der Körper in sich zusammenfallen. Damit das nicht passiert, wird er durch ein Skelett aus Knochen gestützt. Gelenke und Muskeln verbinden die Knochen miteinander und machen sie beweglich. Insgesamt hat der Mensch 206 Knochen, wenn er erwachsen ist. Sie sind ganz unterschiedlich geformt. Manche sind lang, andere kurz, manche rund, andere flach oder unregelmäßig gebaut. Sie sind sehr stabil und schützen so auch die inneren Organe vor Verletzungen. Gehirn, Augen und Ohren sind von den Schädelknochen umgeben, die Knochen des Brustkorbs schirmen Herz und Lunge und teilweise die Nieren ab. In den Armen und Beinen finden sich die Knochen der Gliedmaßen, die durch Schulter- und Beckenknochen mit dem Körper verbunden sind.

Jeder Knochen ist von einer Knochenhaut überzogen, als habe er einen Strumpf an. Sie bildet neue Zellen, denn das Knochengewebe wird ständig erneuert. Die Knochenhaut hat viele Nerven, deswegen tun Brüche so weh. Darunter liegt die harte Außenschicht, durch die viele winzige Blutgefäße ins Knocheninnere ziehen. Dort finden sich lauter klitzekleine Stützen, die Knochenbälkchen, mit Lücken und Hohlräumen dazwischen. Dadurch sind die Knochen zwar stabil, aber leicht. Darüber hinaus bleiben sie elastischer. Das ist wichtig, denn wir würden sonst allein mit den Knochen viel zu viele Kilos mit uns herumschleppen. Außerdem würden die Knochen schon bei kleineren Stürzen sofort brechen. In den Hohlräumen liegt das Knochenmark, das täglich bis zu fünf Milliarden Blutzellen bildet. Ein Knochen ist also sehr lebendig.

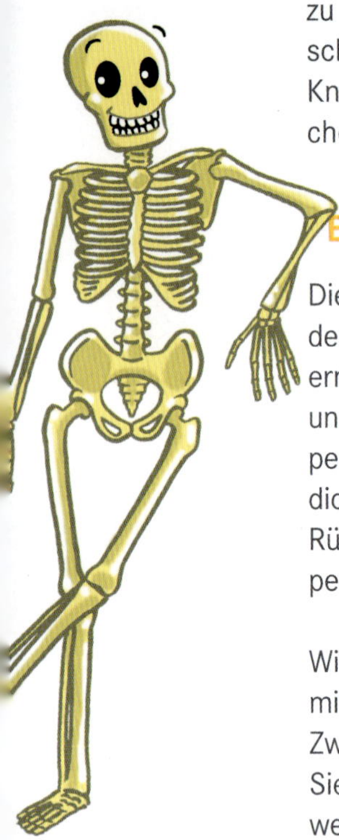

Eine starke Säule

Die eigentliche Stütze unseres Körpers ist die Wirbelsäule. Im wahrsten Sinne des Wortes trägt sie wie eine starke Säule Kopf, Rippen und die Arme. Sie ermöglicht uns, aufrecht zu gehen. Die Wirbelsäule ist wie ein S geschwungen und besteht aus 33, bei manchen Menschen aus 34 Knochen, den Wirbelkörpern. Vom Kopf bis zum Po bilden sie einen Wirbelsäulenkanal, in dem ein dickes „Hauptkabel" vom Gehirn bis zu den Lendenwirbeln verläuft. Es heißt Rückenmark und leitet Befehle vom Gehirn in den Körper und umgekehrt Körperwahrnehmungen wie Druck, Schmerz oder Temperaturen „nach oben".

Wie alle Knochen sind auch die einzelnen Wirbelkörper durch kleine Gelenke miteinander verknüpft. Sie sorgen dafür, dass die Wirbelsäule beweglich ist. Zwischen den Wirbelkörpern liegen wie kleine Luftkissen die Bandscheiben. Sie sind die Stoßdämpfer des Körpers, die beim Stehen zusammengedrückt werden und sich im Liegen entspannen.

Gelenke und Knochen reichen aber allein nicht aus, damit sich der Körper bewegen kann. Das ermöglichen die Muskeln, die mit reißfesten Sehnen am Knochen befestigt sind. Ein Muskel braucht immer mindestens zwei Knochen, die durch ein Gelenk beweglich miteinander verbunden sind. Zieht sich der Muskel zusammen, zieht er den Knochen mit. Damit er wieder in die ursprüngliche Lage kommt, verkürzt sich ein anderer Muskel, während der erste sich entspannt und dehnt. Ein Muskel kann nur ziehen und nicht drücken, so dass immer ein Muskelpaar nötig ist, damit wir uns bewegen können: Einer zieht und der andere lässt locker und umgekehrt.
Viele Muskeln werden „automatisch" gesteuert, ohne dass wir Einfluss darauf haben, wie zum Beispiel in Blase, Magen und Darm. Auch unser Herz arbeitet

von allein. Andere Muskeln dagegen werden durch bewusste Funksprüche aus dem Gehirn bewegt. Denn das Gehirn ist die Funkzentrale, die Befehle in den Körper schickt.

Ein Funknetz von Kopf bis Fuß

Damit wir uns bewegen, denken, lernen, sprechen, fühlen, sehen, hören, schlafen, atmen, verdauen, ja, überhaupt alles können, was wir können, schickt das Gehirn unaufhörlich Funksprüche kreuz und quer durch den Körper. Gehirn und Rückenmark – das dicke „Funkkabel" – bilden das Zentrale Nervensystem. Sie sind die Kommandozentrale und über ein Funknetz bis in die Zehenspitzen mit dem Körper verbunden. Das Funknetz heißt peripheres Nervensystem und besteht aus Milliarden von Nervenzellen.

Sie „funken" einander die Nachrichten zu. Blitzschnell übermittelt eine Nervenzelle den Befehl der Zentrale zur nächsten Nervenzelle – und so geht es immer weiter. Nervenzellen haben einen kurzen dicken Körper und eine lange, dünne Nervenfaser, die in mehreren, ein bisschen wie Wurzeln aussehenden Fasern endet. An den Wurzelspitzen sitzen kleine Knöpfchen, die ganz dicht an die Spitze anderer Nervenzellen heranreichen. Um die Nachrichten aufzunehmen, haben Nervenzellen dort eine Art Bäumchen mit vielen Zweigen. Jedes Knöpfchen ist ganz nahe an einem Ast der nächsten Nervenzelle, damit der Funkspruch überspringen kann. Diese Stelle heißt Synapse. Jede Nervenzelle hat Tausende solcher Synapsen.

AHA!

Ein Neugeborenes hat im Vergleich noch recht wenige Synapsen im Gehirn, vermutlich etliche Tausend. Ein Jahr später bewegt sich ihre Zahl im Hirn des kleinen Menschen im Billionenbereich! Es entstehen ständig neue Synapsen zwischen den Nervenzellen – und zwar umso mehr, je häufiger sie Anregungen und Sinneseindrücke ihrer Umgebung gleichzeitig erhalten. Sport, Spiel und Spaß sind gut für das Gehirn. Dann wachsen Nervenzellen nach, bei Kindern und Erwachsenen.

Das Zentrum der Funkzentrale, das Gehirn, besteht aus mehr als 100 Milliarden Nervenzellen. Es liegt gut geschützt im Schädel und sieht aus wie eine riesige Walnuss. Der wichtigste und größte Teil des Gehirns ist das Großhirn. Es besteht aus einer rechten und einer linken Hirnhälfte, die miteinander verbunden sind. Die linke Hälfte übernimmt Aufgaben wie Lesen, Sprechen und Schreiben, die rechte steuert kreative und künstlerische Fähigkeiten, Sprachverständnis und räumliches Vorstellungsvermögen.

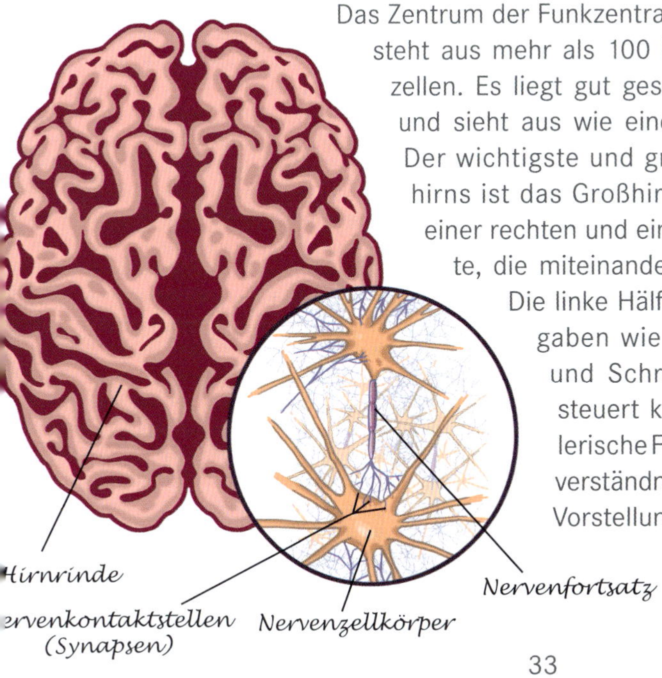

Das Großhirn ist von einer dicken, grauen Schicht, der Großhirnrinde, umgeben. Sie enthält 10.000 bis 30.000 Nervenzellen pro Kubikmillimeter. Das Innere des Großhirns ist die weiße Substanz. Sie enthält Nervenfasern, die eine Länge von 300.000 bis 400.000 Kilometern ergäben, wenn man sie aneinander kleben würde. Ungefähr so viel misst die Strecke von der Erde zum Mond! Außer dem Großhirn gibt es noch etliche kleine Hirnteile, und jedes erfüllt wichtige Aufgaben. Eines von ihnen ist der Hippocampus. Er ist dafür zuständig, dass wir uns etwas entweder kurz oder sogar lange Zeit merken können, also etwas lernen. Man spricht von Kurz- und Langzeitgedächtnis. Es gibt sogar ein Permanentgedächtnis, in dem Erlerntes wie zum Beispiel Laufen, Schwimmen, Radfahren für immer gespeichert ist. Forscher haben herausgefunden, dass im Hippocampus Nervenzellen nachwachsen – das ganze Leben lang.

Der Mantel fürs Leben

Das größte Organ des Körpers ist seine Hülle: die Haut. Sie umgibt den ganzen Körper und schützt ihn vor Wind und Wetter. Die Haut setzt sich aus drei Schichten zusammen. Die Oberhaut bildet ständig neue Zellen, die an die Oberfläche wandern, verhornen und als Schuppen abgestoßen werden. So entstehen auch Haare und Nägel aus abgestorbenen Zellen. Unter der Oberhaut befindet sich die Lederhaut, die von Blutkapillaren, Lymphgefäßen, Drüsen und Nerven durchzogen ist. In ihr liegen die Haarwurzeln. Die Unterhaut ist vor allem aus Fett aufgebaut und hält den Körper schön warm. Und den Po polstert sie weich wie ein Kissen.
Überall in der Haut sitzen spezielle Sinneszellen, die wie winzige Antennen fühlen, ob wir Baumrinde berühren, mit den Händen über weiches Gras fahren, einen Stein anfassen oder feines Babyhaar streicheln.

AHA!

Besonders viele Sinneszellen sind in den Fingerspitzen. Sie melden zum Beispiel, dass die Herdplatte heiß ist. In den Zehenspitzen signalisieren die Sinneszellen, wenn das Ostseewasser im Sommer zu kalt zum Baden ist.

Mit Abwehrzellen bekämpft die Haut Schadstoffe und Krankheitserreger. Und sie reguliert über Schweißdrüsen die Körpertemperatur. Die Haut arbeitet dabei mit den Blutgefäßen zusammen. Diese verteilen die Wärme im Körper. Ist es kalt, ziehen sie sich zusammen, damit keine Wärme entweichen kann. Die Haut sieht dann blass aus und fühlt sich kalt an. Wir fangen an zu frieren. Bei Hitze ist es genau umgekehrt. Die Gefäße weiten sich und geben Wärme ab. Die starke Durchblutung lässt die Haut erröten, und wir fangen an zu schwitzen. Der Schweiß verdunstet auf der Haut; dadurch werden Blut und Organe abgekühlt.

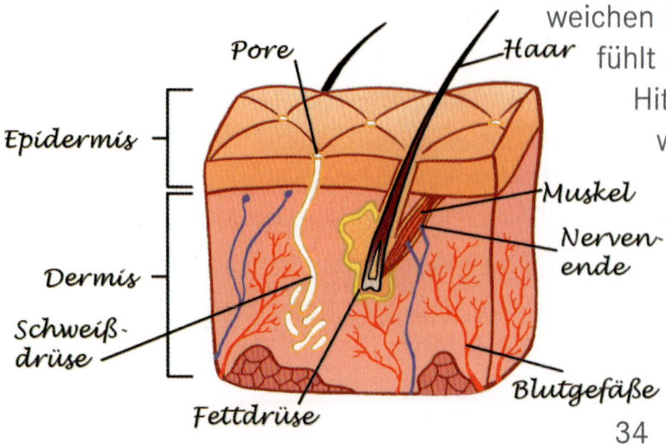

Fleißige Helfer im Blut

Das Blut besteht vor allem aus Wasser, dem Blutplasma. Es transportiert Salze, Eiweiße, Fette, Nährstoffe, Vitamine, Mineralien, Hormone und „Abfälle", die entsorgt werden müssen. Im Plasma schwimmen auch fleißige Helfer: die Blutzellen.

Da sind erst einmal die roten Blutkörperchen, Erythrozyten genannt oder abgekürzt Erys. Sie sehen aus wie winzige Ufos mit einer Delle in der Mitte und sind elastisch. So können sie sich selbst durch engste Haargefäße quetschen. Sie transportieren Sauerstoff und Kohlendioxid. Und sie sind für die knallrote Farbe des Blutes verantwortlich. So seltsam es klingt: Der Farbstoff der roten Blutkörperchen, das Hämoglobin, enthält Eisen – natürlich nur winzigste Teilchen, die mit bloßem Auge nicht zu sehen sind. Dieses Eisen holt sich in den Lungenbläschen den Sauerstoff und bindet ihn an sich. Dadurch wird es hellrot. Das Gleiche geschieht mit einem Eisennagel, wenn er rostet, nur dass der dann eher rotbraun aussieht. Das Eisen hält den Sauerstoff fest, der nun mit dem Blut in den Körper transportiert wird, und gibt ihn schließlich in den Zellen ab. Danach ist das Blut dunkelrot.

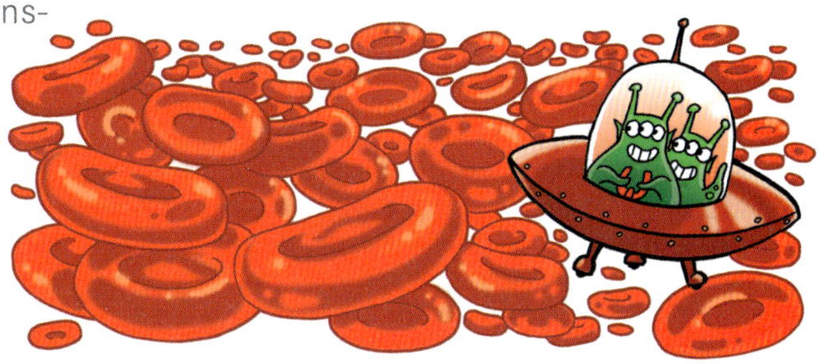

Neben den roten Blutkörperchen gibt es noch recht blasse Helfer im Blut: die weißen Blutkörperchen, die auch Leukozyten heißen, kurz Leukos. Ihre Farblosigkeit hat nichts damit zu tun, dass sie unbedeutend sind. Im Gegenteil: Ihre Arbeit ist sehr wichtig. Sie sind der Sicherheitsdienst im Körper. Er wird als Immunsystem bezeichnet.

Das Immunsystem bekämpft Krankheitserreger auf unterschiedliche Weise. Es kann mit Maßnahmen wie Entzündungen oder Fieber schädliche Viren und Bakterien loswerden. Die Polizisten des angeborenen „unspezifischen Immunsystems" attackieren sofort alle verdächtigen Fremdkörper und Krankheitserreger, die ungebeten in den Körper eindringen. Werden sie nicht alleine mit den Feinden fertig, kommen die auf bestimmte Erreger spezialisierten Detektive des „spezifischen Immunsystems" zur Hilfe: Diese winzigen Leukos – auch Lymphozyten genannt – haben im Thymus, einem kleinen Organ in der Brust, oder im Knochenmark eine „Sonderausbildung" erhalten.

Die Schule des Immunsystems

In Thymus und Knochenmark lernen Lymphozyten, was körpereigen und was körperfremd ist, welche Fremdstoffe zu den gefährlichen Angreifern gehören – und wie sich verschiedene Schädlinge am besten bekämpfen lassen. Einige dieser Körperdetektive entwickeln ein richtig gutes Gedächtnis: Tauchen die Angreifer nach der ersten erfolgreichen Bekämpfung erneut auf, sind die kleinen Leukos sofort zur Stelle, um sie direkt oder mit Hilfe weiterer Körperassistenten – so genannter Antikörper – zu vernichten.

Was die Körperdetektive in der Schule des Immunsystems lernen, setzen sie in Zusammenarbeit mit den anderen „Abteilungen" der Körperabwehr um. Die meisten Abwehrzellen halten sich im Bindegewebe, in der Milz, den Mandeln, im Darm und den Lymphknoten auf. Etliche von ihnen wandern zwischen diesen „Abwehrposten" und dem Blut hin und her. Die Lymphknoten sind regelrechte kleine Polizeistationen, in denen die Gewebsflüssigkeit, die durch den ganzen Körper fließt, kontrolliert wird. Hier sagen die Körperdetektive allen Viren, Bakterien und Parasiten bei Bedarf sofort den Kampf an.

Körperdetektive auf falscher Fährte

Beim Lernen passieren Fehler – diese Erfahrung haben wir alle schon einmal gemacht. Und manchmal macht man etwas falsch, weil man übereifrig ist. Das kommt auch in der Ausbildung des körpereigenen Immunsystems vor. Und diese Fehler bleiben nicht ohne Folgen: Die Körperdetektive geraten auf die falsche Spur und stufen Fremdstoffe als Angreifer ein, obwohl diese völlig harmlos sind.

Das kann zum Beispiel Lebensmittel wie Milch, Nüsse, Weizenprodukte oder Eier betreffen, Metalle wie Nickel, Tierhaare, Hausstaubmilben und – in der freien Natur – Bäume, Blüten und Gräser. Identifizieren die Lymphozyten diese harmlosen Fremdstoffe fälschlicherweise als Schädlinge, fahren sie alle verfügbaren Geschütze auf, um die Eindringlinge zu vertreiben. Diese fehlgeleitete Reaktion des Immunsystems nennt man Allergie.

„Fehlalarm“ lautet ein im Zusammenhang mit Allergien häufig genutzter Begriff. Denn es ist der falsche Alarm des Immunsystems, der allergische Reaktionen wie triefende Nasen, tränende Augen, Husten, Atemnot, Durchfall oder Hautekzeme – entzündliche Hautveränderungen – auslöst. Mit dem Alarmsignal aktiviert das Immunsystem den Botenstoff Histamin. Er ist gut und lebenswichtig. Histamin ist im Normalfall an nützlichen Körperprozessen beteiligt, zum Beispiel in den Blutgefäßen, im Magen-Darm-Trakt und dem Zentralen Nervensystem oder wenn es darum geht, Entzündungen zur Abwehr von Krankheiten auszulösen.
Bei Allergien werden allerdings keine Krankheitserreger abgewehrt, sondern harmlose Stoffe. Die Reaktionen, die das Gewebshormon Histamin auslöst, sind in diesem Fall nicht nützlich, sondern lästig.

AHA!

Ein gesundes Maß an Keimen fördert das Training des Immunsystems und die angemessene Ausbildung der Körperdetektive. Der frühe Kontakt mit anderen Kindern tut gut. Und Kinder dürfen sich auch ruhig mal richtig schmutzig machen. Vor allem, wenn Kinder in der Großstadt leben, freuen sie sich über Ausflüge aufs Land, den Bauernhof oder in den Streichelzoo, kurz: über das Spielen und Erleben in freier Natur. Dort gibt es jede Menge neuen „Lernstoff“ für Körper und Geist.

Der Abwehr beim Lernen helfen

Rund 20.000 Stoffe, auf die der menschliche Körper allergisch reagieren kann, so genannte Allergene, sind mittlerweile bekannt. Wissenschaftler erforschen die Ursachen der fehlgeleiteten Körperabwehr und setzen alles daran, sie im Bedarfsfall wieder auf den richtigen Weg zu bringen.

Neben der ererbten Veranlagung gilt zum Beispiel die gestiegene Schadstoffbelastung der Umwelt als möglicher Grund für die Zunahme von Allergien. Ein weiterer Erklärungsansatz setzt im häuslichen Umfeld an: bei übertriebenen Hygienemaßnahmen. Das ist kein Widerspruch, denn ganz ohne Keime kann die Körperabwehr auch nichts lernen. Es kommt eben auf das richtige Maß an. Interessanterweise ist nämlich genau der Teil des Immunsystems maßgeblich an der Histaminfreisetzung (und damit an den Allergie-Symptomen) beteiligt, den wir eigentlich für die Abwehr von Parasiten und Würmern haben. In unserer sauberen Welt gibt es davon aber immer weniger.

Zum Lernen braucht das kindliche Immunsystem Training – und geeignetes Material. Das heißt: Wer mit Keimen in Kontakt kommt, gibt der Körperabwehr auch die Gelegenheit zum Training. Da das Immunsystem aber immer aktiv ist und nie schläft, lenkt es bei Langeweile seine Aufmerksamkeit offenbar manchmal auf harmlose Stoffe und erprobt an ihnen seine Fähigkeiten.

Kann man Allergien vorbeugen?

Tobys Tipps

Was Eltern tun können, um Allergien vorzubeugen:

- Nicht rauchen, schon gar nicht in Gegenwart von Schwangeren und Kindern.
- Luftschadstoffe in Innenräumen und im Freien nach Möglichkeit meiden.
- Wohnräume so lüften und beheizen, dass Schimmelpilze keine Chance haben.
- Ernährung mit viel Gemüse und Obst, Fisch, magerem Fleisch und hochwertigen Ölen wie zum Beispiel Olivenöl, alles möglichst frisch gekocht.

Lange Zeit herrschte auch in medizinischen Fachkreisen die Meinung vor, dass die beste Vorbeugung gegen Allergien die Vermeidung ist. Für werdende und stillende Mütter gab es eine lange Verbotsliste an Lebensmitteln oder Lebensmittelbestandteilen: keine Eier zum Beispiel, keine Nüsse, keinen Fisch, keine Kuhmilch, keine Weizenprodukte. Auch für Babys Speiseplan galten nach dem Abstillen Empfehlungen wie zum Beispiel die, Beikost erst deutlich nach dem 4. Monat zu geben und nach dem 1. Lebensjahr auf bestimmte Lebensmittel noch zu verzichten.

Trotz dieser Vermeidungsstrategien und der damit verbundenen strengen Ernährungsregeln sank die Zahl der von Allergien betroffenen Kinder und Erwachsenen nicht. Seit 2009 gibt es mit Blick auf die Allergieprävention neue Leitlinien, die die bis dahin gültigen Erkenntnisse geradezu revolutionieren: Von Anfang an soll ein Kind nun die ganze Vielfalt an Nahrungsmitteln genießen dürfen, wenn sie frisch zubereitet und gesund sind. Auch die werdende Mutter braucht auf Lebensmittel oder -bestandteile nicht mehr zu verzichten, die als allergieauslösend gelten.

Gelassenheit statt Verbot

Die Auswertung von insgesamt 217 Studien ist Basis der neuen Leitlinien. Überarbeitet und kommuniziert haben sie mehrere Institutionen und Verbände: die Deutsche Gesellschaft für Kinder- und Jugendmedizin, die Deutsche Gesellschaft für Allergologie, der Ärzteverband Deutscher Allergologen, die Deutsche Dermatologische Gesellschaft und die Gesellschaft für Pädiatrische Allergologie.

Statt der Vermeidungsstrategie empfiehlt die Expertenkommission nun die aktive Auseinandersetzung mit der Umwelt. So kann das Immunsystem durch den Kontakt mit Allergenen allmählich lernen, sich tolerant zu verhalten. Vor allem für die Ernährung haben die neuen wissenschaftlichen Erkenntnisse einen eher entspannten Umgang auch mit Lebensmitteln zur Folge, die Allergien auslösen können. Einzelne Einschränkungen gelten nach den neuen Richtlinien weiter für so genannte Risikokinder, also Kinder, die im Hinblick auf Allergien erblich vorbelastet sind.

Und wenn der Körper bereits allergisch reagiert?

Nach Einschätzung der Weltgesundheitsorganisation (WHO) wirkt bislang als einzige Therapie ursächlich gegen viele Auslöser von Allergien die so genannte Hyposensibilisierung. Durch Gewöhnung an die Allergene lernt das Immunsystem dabei, die fehlgesteuerte Reaktionsbereitschaft abzumildern oder sogar abzulegen. Eine solche Therapie dauert in der Regel 3 bis 5 Jahre und ist bei Kindern ab 5 Jahren möglich.

Sie wird zum Beispiel bei Heuschnupfen als Therapie empfohlen. Damit beugt sie einem allergischen Asthma vor, das eine Folgeerscheinung von Heuschnupfen sein kann. Man nennt eine solche Verlagerung auf andere Körperregionen auch „Etagenwechsel". Mittlerweile gibt es für Erwachsene und Kinder mit Heuschnupfen neben Spritzen und Tropfen auch so genannte 5-Gräser-Tabletten, die unter die Zunge gelegt werden, dort schmelzen und über die Mundschleimhaut wirken.

Eine Hyposensibilisierung ist jedoch nicht bei jeder Allergie möglich und auch nicht immer erfolgreich. Gute Ergebnisse werden bei Insektengift-, Pollen- und Hausstauballergien erzielt. Bei Schimmelpilz- oder Tierhaarallergien ist die Therapie weniger wirksam. Insgesamt ist die Erfolgsrate höher, je weniger Allergien gleichzeitig behandelt werden.

Alltag ohne Allergie

Unser Immunsystem ist permanent gefordert und aktiv, um uns zu schützen. Wir können es bei der Ausbildung unterstützen, wir können vorbeugend handeln und wir können helfend eingreifen, wenn es Fehler begeht oder dazu neigt, Fehler zu begehen.

Wie bei einer neuen Sprache, die wir erlernen, gilt auch für das Immunsystem: Je früher es Fehler verbessert, desto leichter lernt es richtig weiter.

Es gibt Anzeichen des Körpers, die uns signalisieren, dass wir möglicherweise zu einer Allergie neigen. Wer in Gegenwart von bestimmten Tierarten, zum Beispiel Langhaarkatzen, nach einiger Zeit ein Jucken der Nase oder Atemprobleme an sich bemerkt, könnte zu einer Katzenallergie neigen, auch wenn sich die Symptome nicht bei jeder Katze zeigen. Eine Katze oder ein anderes Haustier mit Fell sollte dann vorsichtshalber lieber nicht zur häuslichen Wohngemeinschaft gehören. Solche Vermeidungsstrategien empfehlen sich vor allem für Kinder, die erblich bedingt ein erhöhtes Allergierisiko haben.

Ein neuer Mensch entsteht

Damit neues Leben entsteht, hat jeder von uns Geschlechtsorgane. Der weibliche Körper besitzt eine Scheide, die sich zwischen den Schamlippen öffnet. Sie ist mit der Gebärmutter verbunden, in der später das Baby heranwächst. Rechts und links neben der Gebärmutter befindet sich je ein Eierstock, in dem die Eizellen liegen. Bei Mädchen beginnt die Pubertät zwischen 10 und 12 Jahren. Ein bis einige Jahre später werden Mädchen geschlechtsreif: Etwa alle vier Wochen wächst dann ein Ei heran und wandert über den Eileiter zur Gebärmutter. Auf diesem Weg kann es von einem männlichen Samen befruchtet werden: Ein Baby entsteht. Wenn keine Befruchtung stattfindet, wird das Ei abgestoßen und es blutet aus der Scheide. Dafür gibt es verschiedene Namen: Monatsblutung, Regel, Periode oder Menstruation.

Der männliche Körper sieht ganz anders aus. Er hat einen Penis und einen Hodensack mit zwei Hoden darin. Kommt ein Junge in die Pubertät – das ist meist im Alter von 12 bis 14 Jahren der Fall – werden in seinen Hoden jeden Tag Millionen von Samenzellen gebildet. Sie heißen auch Spermien, haben einen Kopf und einen langen Schwanz, mit dem sie sich vorwärts schlängeln können.

Doch wie kommen Ei und Samenzelle nun zueinander? Wenn Frau und Mann miteinander schlafen, dann küssen und streicheln sie sich und werden immer erregter. Das macht beiden Freude. Der Penis des Mannes wird dabei ganz steif und kann in die Scheide der Frau gleiten. Ist der Mann stark erregt, bekommt er einen Samenerguss. Die Samen strömen aus dem Hoden durch den Penis in die Scheide. Sie drängen sofort zum Eileiter, aber nur die schnellsten und kräftigsten von ihnen kommen an. Eine einzige schließlich schafft es, in die Eizelle einzudringen und sie zu befruchten.

Noch auf dem Weg zur Gebärmutter fängt die befruchtete Eizelle an, sich immer wieder zu teilen, bis sich eine Zellkugel gebildet hat, die sich in der Gebärmutter einnistet. Von nun an beginnt ein kleiner Mensch zu wachsen, Tag für Tag, Millimeter für Millimeter. Nach sechs Wochen fängt sein Herz an zu schlagen. Sind vier Monate vergangen, strampelt das Baby schon kräftig mit den Beinen und ballt die Hände zu Fäustchen. In dem kleinen Körper funktionieren bereits die meisten Organe.

Junge oder Mädchen?

Jede Körperzelle hat 23 Chromosomenpaare. Paare bedeutet, dass jedes Chromosom zweimal vorhanden ist: Einmal ist es von der Mutter und einmal vom Vater vererbt. Eines dieser Pärchen besteht aus Geschlechtschromosomen, die nach ihrer Form benannt sind. Frauen verfügen über zwei große X-Chromosomen, die beide mehr als 1000 Gene beinhalten. Männer verfügen über ein X- und ein viel kleineres Y-Chromosom, das nur einige Dutzend Gene trägt. Ein neues Leben entsteht, wenn die Eizelle der Mutter mit dem Samen des Vaters verschmilzt. Statt wie normale Körperzellen 46 Chromosomen (23 x 2) haben sowohl Eizelle als auch Spermien immer nur den halben Chromosomensatz (23 x 1). Bei der Befruchtung entsteht die „neue Menschenzelle“ also mit 23 x 2 Chromosomen. Dabei kommt von der Eizelle immer ein X-Chromosom und über die Spermien abwechselnd mal ein X- und mal ein Y-Chromosom. Treffen bei der Befruchtung ein männliches „Y“ und ein weibliches „X“ aufeinander, wird das Baby ein Junge, bei zwei X-Chromosomen wird es ein Mädchen.

AHA!

Kleines Chromosom mit großer Wirkung: Gene auf dem Y-Chromosom haben vermutlich auch Einfluss darauf, dass Jungen meist größer werden als Mädchen.

In den ersten Wochen verläuft im Mutterleib die Entwicklung von Jungen und Mädchen noch völlig gleich, auch die der Geschlechtsorgane. Nach der 7. Schwangerschaftswoche schaltet sich das Y-Chromosom ein und steuert einer ansonsten automatisch weiblichen Ausprägung der Geschlechtsorgane – Eierstöcke, Eileiter, Gebärmutter und Scheide – entgegen. Das SRY-Gen – engl. Abkürzung für „sex determining region of Y chromosome“ – leitet die Bildung der Hoden ein. Sie produzieren schon früh männliche Geschlechtshormone (Androgene), vor allem das so genannte „Männlichkeitshormon“ Testosteron. Die Androgene übernehmen nun die Regie und bewirken die weitere Ausbildung der männlichen Geschlechtsorgane.

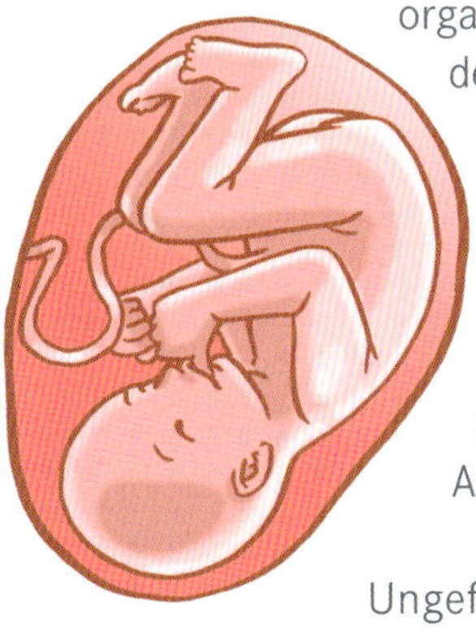

Ungefähr neun Monate nach der Befruchtung ist es so weit: Das Baby misst etwa 50 cm. Es dreht sich in der Gebärmutter mit dem Kopf nach unten zur Scheide – und wird bei der Geburt aus dem Körper gedrückt. Ein neuer Mensch ist geboren.

AHA!

Auch der weibliche Körper produziert in geringen Mengen Testosteron, der männliche auch Östrogen. Das Androgen fördert unter anderem das Wachstum der Knochen, das weibliche Hormon stärkt ihre Substanz.

„Ein neuer kleiner Körper“, murmelt Toby, „mit all den tollen Organen, Röhren, Knochen, der Funkzentrale und sogar Polizisten …“ Er beschließt, einen kleinen Körper aus Papier zu basteln, mit vielen bunten Organen darin.

Kapitel 5

Stärken und Schwächen des Körpers

5

Achtung, Monsterviren!

Hatschi! Nina hat starken Schnupfen und muss dauernd niesen. Eigentlich fühlt sich Nina auch nicht besonders fit, aber die Kindergeburtstagsfeier bei ihrem Freund Mischa möchte sie auf gar keinen Fall verpassen. Während sie das Geschenk für Mischa liebevoll verpackt, erinnert ihre Mutter sie daran, sich Taschentücher einzustecken und beim Niesen stets ein Taschentuch vors Gesicht halten.

Hatschi! Schon wieder ein Nieser! Nina überlegt, wofür das mit den Taschentüchern vorm Gesicht gut sein soll. Ach ja, genau! So kann man ihr Gesicht nicht sehen, das beim Niesen immer ganz blöd aussieht.
„Mama, ist so ein Taschentuch eigentlich zum Verstecken meiner doofen Nies-Grimasse da?", fragt Nina. Ihre Mutter lacht und umarmt die verschnupfte Nina. „Nein, meine Schöne!", sagt sie dann. „Es geht nicht um die komische Grimasse, die jeder Mensch ungewollt beim reflexartigen Niesen schneidet, sondern um krankheitserregende Viren und Bakterien, die man beim Niesen wie bei einer kleinen Explosion mit voller Wucht und bis zu zwei Meter weit in die Umgebung schleudert. Die Nina-niest-Grimasse ist also nicht der Grund, sondern die ansteckenden Krankmacher, die nicht verteilt werden sollen, sondern besser im Taschentuch landen!"

Verblüfft legt Nina die Schere beiseite. Monsterviren und Backtiere? So komische Viecher sollen sich in ihrer Nase tummeln und beim Niesen explodieren? Das muss sie sehen! Sofort flitzt Nina in den Flur und stellt sich vor den großen Spiegel. Sie zieht ihre Nasenspitze nach oben und bläht die Nasenflügel auf. Nina kichert. Jetzt sieht sie wie ein kleines Schweinchen mit Rüsselnase aus. Und dann schaut Nina ganz genau und sorgfältig in ihrer Nase nach. Aber Nina kann keine gefährlichen Monsterviren und backenden Viecher entdecken. Und da kommt auch schon – Achtung, Achtung – die nächste Explosion: Ha-Ha-Ha-Hatschi!

Zuhause bei Toby

Viren!? Monsterviren gar, die nicht zu sehen sind!? Toby kratzt sich am Kopf. „Das glaube ich nicht“, murmelt er. „Die kleine Nina ist soooooooo lieb und nun sind angeblich irgendwelche komischen Viecher in ihrer Nase und machen ihr das Leben schwer?“
Toby seufzt aus tiefem Herzen. Nina tut ihm leid. Was sind das nur für doofe Wesen, diese Viren?

Eine laufende Nase

Es gibt etwa 200 Schnupfenviren. Sie lauern überall, wo viele Menschen sind: im Bus, in der U-Bahn, in der Schule und im Kindergarten. Die Viren setzen sich an der Kleidung fest, an Gegenständen, die beim Niesen und Husten in Reichweite sind, oder gelangen auf die Hände und von dort auf Türklinken und in Handtücher. Sie können Stunden überleben, bis sie einen anderen Menschen „gefunden“ haben und ihn anstecken.

Einmal einatmen und schon sind die Viren in der Nase. Sie dringen in die Zellen der Schleimhaut ein und zwingen diese, neue Viren zu produzieren. Unsere Nase läuft: Wir haben einen Schnupfen. Es kommt uns vor, als sei unsere Nase dicker geworden. Die Schleimhaut schwillt an und produziert eine flüssige Substanz, um die Eindringlinge zu vertreiben. Und anfangs läuft viel Sekret aus der Nase, um Viren loszuwerden. Beim Niesen versucht der Körper, die winzigen Keime mit einem kräftigen Luftschub nach draußen zu befördern, und zwar mit einer Geschwindigkeit von ungefähr 180 Kilometern pro Stunde.

Selten im Sommer, dagegen vor allem in Herbst und Winter, wenn es kalt ist, plagen sich viele Menschen mit einem Schnupfen. Kälte und Nässe schwächen die Immunabwehr. In der warmen Wohnung drehen wir die Heizungen auf und lassen die Fenster lieber zu. Wir meinen es gut, machen es den Erregern so aber leicht: Denn die warme Heizungsluft trocknet die Schleimhäute aus, die sich so nicht mehr gegen die Eindringlinge wehren können. Deswegen bekommen wir besonders in der kalten Jahreszeit leicht eine Erkältung.

Tobys Tipps

Wechseln Sie gerade in der kalten Jahreszeit die Händehandtücher in Bad und Küche so oft wie möglich. Ständiges Händeschütteln, Umarmungen und Küsschen bei der Begrüßung am besten vermeiden, wenn Erkältungszeit ist. Und halten Sie Ihre Kinder zum Händewaschen an, wenn sie von draußen kommen oder auf viele andere Menschen getroffen sind.

Achtung, Einsatz!

Ist das Immunsystem stark genug, wehrt es die vielen kleinen Angreifer von außen ab. Es kommt auch bei einer Entzündung zum Einsatz. Haben wir beispielsweise einen Splitter im Finger, rötet er sich, schwillt an, wird warm und tut weh. Er ist entzündet. Das bedeutet, dass die Feuerwehrhelfer – sie heißen „Fresszellen“ – geschwind an den Einsatzort geeilt sind. Sie vernichten Schmutz und Keime, die mit dem Splitter in den Finger eingedrungen sind, sterben ab und fließen als Eiter aus der Wunde.

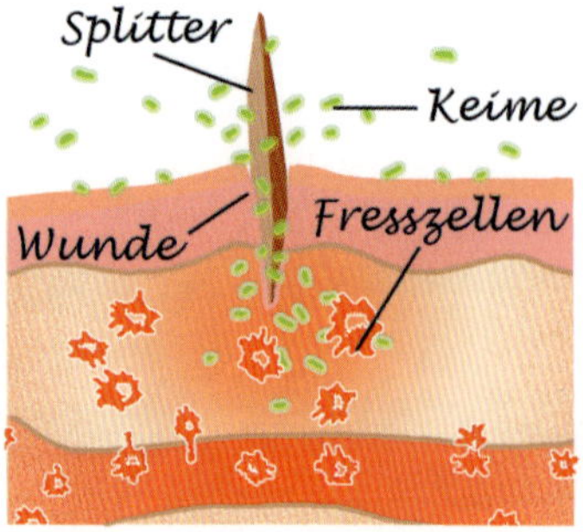

Bei einer offenen Verletzung kommen die Blutplättchen – ihr medizinischer Name lautet Thrombozyten oder einfach Thrombos – zum Einsatz. Sie dichten blitzschnell die Wunde am Blutgefäß ab. Dabei hilft vor allem noch ein anderer Stoff, Fibrinogen, der sich in ein dichtes faseriges Netz verwandelt. Gemeinsam lassen sie das Blut gerinnen. Es wird fest und trocken. Die Wunde hört auf zu bluten und verkrustet.

Wenn wir uns geschnitten haben und dadurch unsere Haut als natürlicher Schutzschild beschädigt ist, können Krankheitserreger besonders leicht in den Körper eindringen. Während die Blutplättchen die Wunde verschließen und die verletzte Stelle „reparieren“, hat unser Immunsystem die Aufgabe, schädliche Eindringlinge abzuwehren. Wir können unseren Körper bei diesem Vorgang unterstützen, indem wir die Wunde desinfizieren, also ein Mittel auftragen, das Krankheitserreger abtötet. Ein Pflaster kann verhindern, dass Schmutz in die Wunde eindringt oder die Wunde erneut aufreißt.

Ist das Immunsystem aber geschwächt und die Zahl der kleinen Feinde in der Umgebung sehr groß, kommen die Erreger leicht zum Zug. Wie gut oder wie schlecht unser Immunsystem mit der Invasion der Keime fertig wird, hängt also davon ab, wie fit die Körperabwehr ist. Ausreichend Schlaf, viel Bewegung und frische Luft, gesunde Ernährung – solche Lebensgewohnheiten unterstützen das Immunsystem.

Stress als Fitnesskiller

Stress und Sorgen schwächen das Immunsystem ebenfalls, und zwar massiv. Schon die Hektik vor Weihnachten kann es anfällig machen. Aber auch Leistungs- und Konkurrenzdruck in der Schule, schlechte Noten, hohe Erwartungen der Eltern, viele vermeintlich sinnvolle Termine, Mobbing in Schule und Kindergarten, Streit von Mutter und Vater bis hin zur Trennung gehören heute oft zum Kinderalltag.

Stress signalisiert unserem Körper eine außergewöhnliche Situation, ganz nach dem Motto: Da ist Gefahr, flieh oder greif an! Blitzschnell schütten vor allem das Gehirn und die Nebennieren Stresshormone aus. Die Nebennieren sitzen wie kleine Kappen auf den Nieren und produzieren Hormone. Das sind Botenstoffe, die über den Blutkreislauf in jeden Winkel des Körpers gelangen und – wie richtige Boten – gezielt bestimmte Vorgänge regulieren. Das war zu Zeiten der Urmenschen vernünftig, wenn sie einem wilden Tier oder einem Feind gegenüber standen: Flucht oder Angriff waren dann die einzige Überlebenschance.
In unserer modernen Welt begegnen wir aber „wilden Tieren", also Stressfaktoren, denen wir nicht immer ausweichen können. Trotzdem verhält sich unser Körper, als könnten wir es. Kommen Kinder zum Beispiel mit einer 5 in Mathe nach Hause, dann schüttet die Rinde der Nebenniere das Stresshormon Kortisol aus und das Nebennierenmark produziert Adrenalin und Noradrenalin. Die Folge: Der Atem geht schneller, Puls und Blutdruck steigen an, die Leber produziert mehr Blutzucker, es gelangt mehr Sauerstoff zu den Muskeln, die Adern in den Muskeln weiten sich, die Muskeln werden dadurch besser durchblutet und spannen sich an – kurz: Der Körper rüstet sich für Flucht oder Angriff.

„Ecken und Kanten" nennt man die typischen Eigenschaften eines Menschen, ob er zum Beispiel ein Hitzkopf ist und schnell aufbraust, sehr langsam ist oder still und ruhig. Sie können einen manchmal nerven, wie man sich eben an Ecken und Kanten stoßen kann.

Gemeinsam sorgen die Hormone dafür, dass der Körper mehr Sauerstoff und Energie bekommt, um schnell zu handeln. Das ist prinzipiell in Ordnung, wenn der Stress schnell vergeht. Stress macht jedoch krank, wenn er dauerhaft anhält und den Alltag beherrscht. Und: Stress verhindert erfolgreiches Lernen, wie die Hirnforschung festgestellt hat.

Was lässt sich gegen zu viel Stress im Alltag tun? Ganz wichtig: Ein heiteres Zuhause und das Bewusstsein, von Eltern und Freunden angenommen zu sein, so wie man ist, mit allen „Ecken und Kanten".
Sprechen Sie mit Ihrem Kind offen über die Dinge, die es bedrücken. Zeigen Sie Gelassenheit im Alltag, denn Sie sind ein Vorbild für Ihre Kinder. Lassen Sie zum Beispiel auch mal einen Termin sausen, um mit ihrem Kind zu spielen, und reagieren Sie locker, wenn einmal etwas schief geht. Vermitteln Sie Ihrem Kind, dass es nicht perfekt sein muss, und loben Sie es,

auch wenn die Note nicht so prickelnd ausfällt, es aber auf anderen Gebieten gut ist oder aber eine persönliche Leistung vollbracht hat. So stärken Sie das Selbstbewusstsein Ihres Kindes und damit auch sein Immunsystem.

Was braucht ein starkes Immunsystem neben gesunder Ernährung, Bewegung und frischer Luft noch? Ganz wesentlich sind Spielen und Träumen, einfach Kind-sein-dürfen, Herumtollen und Phantasieren. Sich des Lebens freuen, gelassen und fröhlich sein, die Welt und alle ihre Wesen lieben – wenn wir so empfinden, dann kräftigen wir das Immunsystem, auch bei Erwachsenen. Dann ist es fit gegen Angriffe von außen.

Medikamente helfen dem Körper

Wenn wir krank sind, unterstützen Ruhe, leicht verdauliche Kost, liebevolle Zuwendung und bewährte Hausmittel unseren Körper bei der Genesung. Manchmal brauchen wir auch Medikamente. Sie lindern oder heilen Krankheiten und ihre Beschwerden.

Hoch wirksame Medikamente sind Antibiotika. Sie helfen ausschließlich bei bakteriellen Infektionen, indem sie das Wachstum der Bakterien hemmen oder diese abtöten. Antibiotika wirken, indem sie die Zellwand der gesundheitsbedrohlichen Bakterien – also deren Schutzhülle – beschädigen oder auflösen, lebensnotwendige Stoffwechselvorgänge dieser krank machenden Zellen behindern oder deren Vermehrung blockieren. Gegen Viren können antibiotische Wirkstoffe nichts ausrichten. Für diesen Fall haben wir unser Immunsystem, und das wird mit Millionen von Viren automatisch fertig.

Ein starkes Immunsystem schützt nicht nur vor Erkrankungen, es mobilisiert auch die Selbstheilungskräfte des Menschen. Hier setzt die so genannte homöopathische Medizin an. Sie behandelt Krankheiten und Symptome mit Arzneimitteln wie Tropfen oder Zuckerkügelchen, so genannten Globuli. Sie enthalten Stoffe, die in hoher Dosierung genau die störenden Symptome auslösen würden. Ein homöopathisches Arzneimittel ist so extrem gering dosiert, dass es selbst nicht krank machen kann, aber dem Körper eine Art Information übermittelt, damit er seine Selbstheilungskräfte gegen die behandlungsbedürftigen Symptome aktiviert. So wird beispielsweise Juckreiz mit Arzneimitteln behandelt, die in hoher Dosierung selbst Juckreiz auslösen würden. Neben den Symptomen spielen aber auch der Mensch und seine Konstitution in der Homöopathie eine große Rolle, so dass die Arzneimittel genau auf den Patienten und seine Beschwerden abgestimmt sein müssen.

AHA!

Mit einer Spritze direkt in die Vene gelangt ein Wirkstoff am schnellsten ins Blut, bei einer Injektion in den Muskel oder in das Unterfettgewebe dauert es etwas länger. Tabletten, Dragees oder Kapseln lösen sich im Magen oder Dünndarm auf und werden – wie auch die Arzneimittelsäfte – vom Körper über die dortigen Schleimhäute aufgenommen. Über die Schleimhäute in Mund, Nase oder Bronchien können Lutschtabletten beziehungsweise Sprays ebenso schnell aufgenommen werden wie Zäpfchen über die Darmschleimhaut. Salben oder Gele zur äußeren Anwendung trägt man direkt auf die Haut auf.

Kleine Angreifer – große Gefahr

Unser Körper ist gut gerüstet gegen Eindringlinge, zum Beispiel gegen Krankheitserreger wie Viren und Bakterien. Was sind das für Lebewesen, die für uns Menschen dennoch gefährlich werden können?

Bakterien sind winzig kleine Lebewesen, die überall auf der Welt vorkommen, aber auch in unserem Körper. Nur mit dem Mikroskop kann man eine einzelne Bakterie sehen. Die meisten Bakterien, die ständig in unserem Körper „wohnen", sind wichtig und nützlich. Im Dickdarm beispielsweise leben bis zu 600 verschiedene, gutartige Bakterienstämme. Sie regen unter anderem das Immunsystem an und verhindern, dass wir jedes Mal krank werden, wenn wir etwas Verdorbenes gegessen haben. Aber es gibt auch Bakterien, die ansteckende Infektionskrankheiten auslösen wie zum Beispiel Wundstarrkrampf (Tetanus), Diphtherie, Keuchhusten (Pertussis) oder Hirnhautentzündungen. Bakterien vermehren sich im Körper, indem sie sich sehr schnell teilen.

Viren sind viel kleiner als Bakterien und teilen sich nicht, sondern dringen in eine Körperzelle ein. Außerhalb der Zellen können die Viren meist nicht lange überleben und sich nicht vermehren. Sie nutzen die Körperzelle entweder dauerhaft als so genannte Wirtszelle oder sie programmieren die Körperzelle so um, dass sie von da an Virenkopien produziert und sich die Viren innerhalb der Zelle so lange vermehren, bis diese gesprengt wird: Dann hat es die Körperabwehr gleich mit Millionen von Viren zu tun. Wie die Bakterien auch, können Viren ganz leicht beim Einatmen oder auch durch infizierte Nahrungsmittel oder Körperflüssigkeiten in den menschlichen Körper eindringen und Infektionen hervorrufen. Es gibt viele unterschiedliche Viren-Typen. Sie können ansteckende Krankheiten auslösen wie normale Erkältungen, aber auch Grippe, Masern, Mumps, Windpocken, Hepatitis und Kinderlähmung (Poliomyelitis).

Starthilfe für die Körperabwehr

Mit seinem ausgeklügelten System an Abwehrmaßnahmen ist unser Körper in der Lage, sich gegen Krankheitserreger wie Viren oder Bakterien aktiv zur Wehr zu setzen. Selbst Babys besitzen gute Voraussetzungen, um mit den meisten Krankheitsverursachern selbst fertig zu werden. Bis zum Alter von etwa sechs bis neun Monaten verfügen viele Säuglinge noch über einen besonderen Schutz vor Infektionen, den so genannten Nestschutz: Eine Mutter, die in ihrem Leben vor der Schwangerschaft selbst an Infektionskrankheiten erkrankt war, überträgt in der Schwangerschaft Abwehrstoffe – Antikörper – gegen manche Krankheitserreger auf ihr Kind. Im Laufe der ersten Lebensmonate kommt es jedoch im Organismus des Babys zum Abbau der mütterlichen Abwehrstoffe, und das Baby produziert selbst Abwehrstoffe gegen Krankheitserreger. Aber es gibt auch bakteriell verursachte Kinderkrankheiten, gegen die der so genannte Nestschutz nicht existiert oder nicht ausreichend ist, um das Kind gegen Erkrankung zu schützen.

Was sind Kinderkrankheiten?

Entstanden ist der Begriff, weil diese hoch ansteckenden Infektionskrankheiten früh im Leben, also vor allem bei Kindern auftreten. Dazu gehören beispielsweise Masern, Röteln, Windpocken, Mumps, Kinderlähmung und Keuchhusten. Die meisten Menschen erkranken daran in jungen Jahren, da das kindliche Immunsystem noch nicht auf diese Erreger vorbereitet ist. Ihr Immunsystem muss erst noch lernen, sich gegen diese Viren oder Bakterien zu schützen.

Dass nur Kinder Kinderkrankheiten bekommen können, ist ein weit verbreiteter Irrglaube. Auch Erwachsene können daran erkranken, manchmal sogar, wenn sie die Erkrankung als Kind schon gehabt haben. Je älter der betroffene Mensch ist, desto schwerer ist oft der Krankheitsverlauf. Durch Impfung eines Großteils der Bevölkerung sind in Europa bereits viele Kinderkrankheiten völlig zurückgedrängt oder viel seltener geworden.

Vorbeugen ist besser als heilen

Die Bildung körpereigener Abwehrstoffe ermöglicht unserem Körper nicht nur die Bekämpfung einer akuten Erkrankung, sondern auch, sich für die Zukunft gegen Krankheiten zu wappnen. Wollen wir unseren Körper wirkungsvoll vor bestimmten Krankheiten schützen, gibt es die Möglichkeit der Impfung. Sie spielt vor allem eine Rolle bei Krankheiten, die sich durch gegenseitige Ansteckung der betroffenen Menschen schnell verbreiten können, aber auch bei Erkrankungen, die zwar nicht von Mensch zu Mensch übertragen werden – wie zum Beispiel Tetanus –, die aber für den Menschen lebensbedrohlich sein können.

Kleiner Exkurs in die Geschichte des Impfens

Die ersten Versuche, den menschlichen Körper durch einen kontrollierten Kontakt mit Erregern vor Infektionskrankheiten zu schützen, gab es bereits um das Jahr 1000 in China. 1796 führte der Arzt Edward Jenner (1749–1823) in England die erste, noch sehr riskante Pockenimpfung mit einem selbst hergestellten Impfstoff durch. Nur wenige Jahre später übernahmen viele Länder die Pockenschutzimpfung als Pflichtimpfung.
Eine wichtige Rolle spielte auch der französische Chemiker Louis Pasteur (1822–1895): Ausgehend von der Entdeckung, dass kleinste Organismen Krankheiten verursachen, experimentierte er zunächst mit Milchsäurebakterien und später mit den Auslösern von Infektionskrankheiten bei Nutztieren. Schließlich entwickelte er aus dem Rückenmark tollwütiger Hunde einen Impfstoff gegen die gefährliche Tollwut, die von erkrankten Tieren auch auf den Menschen übertragen werden kann und im Erkrankungsfall immer zum Tod führt.
Forscher wie Robert Koch (1843–1910) und Emil von Behring (1854–1917) entdeckten nicht nur zahlreiche Bakterien als Ursache von Krankheiten, sondern trugen auch zur Entwicklung von modernen Impfstoffen gegen verschiedene Infektionskrankheiten bei.

Da nur weitgehend infektfreie Menschen geimpft werden, hat der Körper die Chance, sich zu einem Zeitpunkt mit dem Erreger auseinanderzusetzen, an dem das Immunsystem stark ist.

Den Feind erkennen

Bei einer Impfung geschieht das Gleiche wie bei der Ansteckung mit einem Krankheitserreger – jedoch in kontrollierter Form. Anders als bei einer echten Infektion werden beim Impfen unserem Körper entweder abgeschwächte oder abgetötete Viren oder Bakterien beziehungsweise einzelne Bestandteile davon zugeführt.

Der Vorgang der Impfung genügt, um eine Antikörperbildung und das Immungedächtnis anzuregen, ohne dass es zur echten Erkrankung kommt. Bei einer späteren Ansteckung erkennen die Immunzellen dann den Erreger an seiner Oberfläche und schicken Antikörper, die eine feste Bindung mit dem Krankheitserreger eingehen, so wie ein Schlüssel in ein Schloss passt. Diese Bindung bewirkt entweder die Neubildung von Eiweißstoffen, die die körperfremden Stoffe direkt zerstören, oder signalisiert speziellen Abwehrzellen, dass sich ein fremder Stoff im Körper befindet. Diese speziellen Zellen zerstören dann den Antikörper-Erreger-Komplex und entfernen die Überreste.

Wenn ein Großteil der Bevölkerung geimpft ist – bei Impfquoten von mehr als 95 % – lassen sich ansteckende Krankheiten weltweit eindämmen und lässt sich in der Zukunft eine erneute Ausbreitung verhindern. Deshalb treten einige Infektionskrankheiten in Deutschland nur noch selten auf oder sind bereits ausgerottet. Gab es beispielsweise 1961 in Deutschland noch eine recht große Verbreitung der Kinderlähmung, gilt das Land heute als poliofrei.

Eine individuelle Entscheidung

Impfungen sind in Deutschland freiwillig. Sie gehören zur persönlichen Gesundheitsvorsorge eines jeden Menschen. Eltern sollten sich bereits in den ersten Lebensmonaten ihres Kindes mit der Impffrage befassen. Babys sind in den ersten Lebensmonaten durch den Nestschutz weitgehend vor den meisten Infekten und Krankheiten wie zum Beispiel Masern geschützt, wenn die Mutter die Erkrankung einmal durchgemacht hat. Nur wenn die Mutter selbst über ausreichend Antikörper verfügt, greift bei den meisten Krankheiten der Nestschutz. Er wirkt gegen einige Krankheiten gut, gegen andere dagegen weniger, gegen Keuchhusten zum Beispiel gar nicht.

Einige (Mehrfach-)Impfungen beugen der Erkrankung ein Leben lang vor, wie etwa die Masern-, Mumps-, Röteln-Impfung. Bei anderen Impfungen sind Auffrischungsimpfungen erforderlich, um den Impfschutz zu verlängern: Impfungen gegen Tetanus und Diphtherie sind zum Beispiel etwa 10 Jahre wirksam und sollten dann aufgefrischt werden.

Impfungen sind eine medizinische Maßnahme und können Kinder vor vielen Krankheiten wirkungsvoll schützen. Impfstoffe werden ständig weiterentwickelt, hinsichtlich ihrer Verträglichkeit optimiert und unterliegen einer ständigen Kontrolle durch die Behörden. Bei Fragen rund um das Thema Impfen wenden sich Eltern am besten an ihren Haus- oder Kinderarzt. Er weiß, welche Impfungen zu welchem Zeitpunkt empfehlenswert sind.

Kapitel 6
Körper und Sinne

Die Leafantenparade

Lea, Nina und Tim wollen einen Zoo bauen. Mit jeder Menge Knete sitzen sie draußen im Garten, formen Tiere und haben jede Menge Spaß. Tim will ein Nashorn modellieren. Aber wie sieht so ein Nashorn genau aus? Sicherheitshalber schaut Tim im Bilderbuch nach. „Was für ein Glück, dass ich so supergut sehen kann! Habs nämlich schon gefunden!" Tim tippt mit dem Finger auf ein Nashorn.

Ninas Tierfigur hat große Ohren und einen langen Rüssel. Genau – es ist ein Elefant! „Wenn ich so einen langen Rüssel hätte, dann würde ich meinen Rüssel heimlich beim Bäcker in die Backstube schieben, alles beschnuppern und mir das Leckerste stibitzen!" „Ja, schade, dass wir mit unserer Nase nicht wie mit einem Rüssel riechen UND greifen können!", sagt Lea und formt eine lange Schlange, die sie sich plötzlich vors Gesicht hält. „Aber dafür hängt unsere Nase auch nicht wie ein oller Schlauch mitten aus dem Gesicht raus und baumelt an uns runter! Außerdem hieße sie dann NASSEL. Guckt mal! So sähe ein LEAfant mit NASSEL aus!"

Nina und Tim lachen über den komischen Leafant mit Nassel und blonden Locken, der jetzt auch noch lautstark trötet. Nina hält sich die Ohren zu. Dabei stellt sie fest, dass es auch gut ist, keine riesigen Elefantenohren zu haben: „Die kann man sich ja gar nicht zuhalten. Und die würden einem bestimmt auch andauernd ins Gesicht klatschen! Ich kann mit meinen kleinen Ohren prima hören! Obwohl meine Eltern ja manchmal sagen, ich müsste besser auf sie hören ..."
Diesen Spruch kennen Lea, Nina und Tim nur zu gut! Sie grinsen sich gegenseitig an und überlegen dann, eine Leafantenparade durch den Garten zu starten. Also schnell noch ein paar Rüssel – äh, Nassel – aus Knete gerollt, und los gehts mit der Leafantenparade:

Wir sind die Leafanten und stampfen hier herum,
wir sind die Leafanten und außerdem nicht dumm!
Wir Leafanten hören, wir sehen und wir schmecken,
wir fühlen und wir riechen, wir wollen viel entdecken!

Zuhause bei Toby

Neugierig belauscht Toby die Kinder. „Sehen, hören, riechen, schmecken, hm, und fühlen auch noch“, murmelt das Teufelchen vor sich hin. „Was meinen die Menschenkinder nur damit?“ Er sieht, wie Lea, Nina und Tim mit der seltsamen, bunten Masse, die ein wenig süß nach Pudding riecht, hantieren. Lauter Fragen wirbeln auf einmal in Tobys Kopf herum: Kann man das, was man riecht, automatisch sehen? Und kann man das, was man sieht, gleichzeitig hören?
Verwirrt eilt er in seine Höhle und stellt sich ans Feuer. Seine Hände sind ein wenig kalt. Schön, wie das Feuer sie wärmt ... Hat das auch was mit Fühlen zu tun? Und wie funktioniert das? Er befragt das Feuer:

Eine Lawine von Sinnesreizen

Nicht nur die bekannten fünf Sinne, sondern auch das Gleichgewicht halten, die Temperatur empfinden, Bewegung wahrnehmen und Schmerz fühlen – alles das gehört zu unseren Sinnen. Sogar wenn wir spüren, wie die Zeit verstreicht, ist das eine Sinneswahrnehmung.

Das kann sehr verwirrend sein, denn auf uns Menschen strömt Tag für Tag viel ein: Hupende Autos fahren an uns vorbei, an der Ecke riecht es nach saftigem Döner, daneben duftet es nach frischem Brot aus der Bäckerei, das Eis in der Hand schmeckt nach Vanille, ein Fußgänger stößt aus Versehen an unseren Arm, die Luft in der U-Bahn ist schwül, ein kalter Windzug streift die Wange ...

Bilder, Geräusche, Düfte, Essgenüsse und Berührungen stürzen wie eine Lawine auf die Sinne ein. Damit wir sie wahrnehmen können, hat der Körper Sinnesorgane: Augen, Ohren, eine Nase, eine Zunge und die Haut. Egal ob sie sehen, hören, riechen, schmecken oder tasten, sie alle haben klitzekleine „Antennen", um die Sinne aus der Umwelt aufzunehmen: die Sinneszellen. Sie sind, je nachdem, in welchem Organ sie sitzen, auf bestimmte Sinnesreize der Umwelt spezialisiert.

Die meisten davon nehmen wir nur unbewusst wahr. Und das ist auch gut so. Denn wenn uns wirklich bewusst wäre, was wir alles gleichzeitig sehen, hören, riechen, schmecken und fühlen, kämen wir schnell durcheinander. Doch alles, was wir mit den Sinnen aufnehmen, wird an das Gehirn weitergeleitet. Es ist die Schaltzentrale in unserem Körper. Sie „filtert" ständig die für uns wichtigen Wahrnehmungen heraus.

Alles im Blick

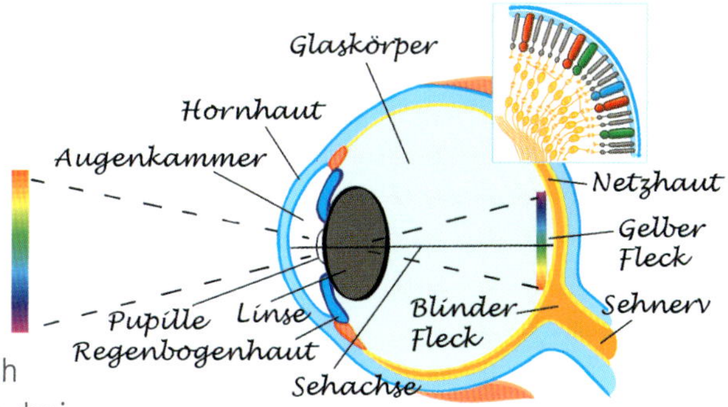

Von allen Sinnesorganen liefern uns die Augen aus der Umwelt die meisten Informationen, die wir im Gehirn verarbeiten. Genauer gesagt „sehen" wir das Bild sogar mit dem Gehirn. Im Prinzip funktioniert das Auge wie eine Fotokamera und ist auch so ähnlich aufgebaut. Der Augapfel ist von drei Häuten umgeben. Die äußere Haut vorn heißt Hornhaut. Sie ist wie die erste Linse der Fotokamera, durch die das Licht fällt. Sie bricht die Lichtstrahlen. Das bedeutet, dass die Strahlen nicht gerade durch die Hornhaut gehen, sondern ihre Richtung ändern. Dahinter liegt die farbige Regenbogenhaut, auch Iris genannt, die bei jedem Menschen eine andere Farbe besitzt. Sie hat ein kleines, schwarzes Loch in der Mitte, die Pupille, das sie durch zwei Muskeln verkleinern oder vergrößern kann. Je heller das Licht in der Umgebung ist, desto mehr ziehen sich die Pupillen zusammen und desto weniger Licht dringt in das Auge hinein.

Hinter der Pupille sitzt die Linse, die für das Sehen besonders wichtig ist. Sie nimmt das Licht auf, das zum Beispiel eine Blume aussendet, die wir vor uns sehen. Die Linse sammelt dieses Licht und schickt es auf die innere Leinwand, die Netzhaut. Die Linse ist biegsam und kann sich verformen. So stellt sie das Bild scharf, je nachdem, wie weit weg es ist. Will man sich eine Blume in der Ferne anschauen, wird die Linse flach, steht das Pflänzchen aber direkt vor unserer Nase, zieht sich die Linse zusammen. Wenn wir blinzeln, benetzen wir die Hornhaut mit Tränenflüssigkeit. So bleibt sie sauber und feucht. Das ist wichtig, damit die Augen beweglich bleiben und hin- und herrollen können. Wie ein kleiner Scheibenwischer gleitet das Augenlid über das Auge. Das funktioniert ganz von selbst.

Tobys Tipps

Warme Heizungsluft trocknet die Augen aus. Stell die Heizung im Winter in deinem Zimmer möglichst niedrig ein und zieh dir lieber einen Pullover an. Regelmäßiges Lüften, kleine Schüsseln mit Wasser auf der warmen Heizung oder Luftbefeuchter sorgen für Feuchtigkeit in der Zimmerluft.

Die Augenlinse kann sich mit zunehmendem Alter nicht mehr so wölben und deswegen nicht auf nahe Gegenstände einstellen. Das beginnt häufig ab dem 40. Lebensjahr. Man nennt das Altersweitsicht: Dinge, die weiter weg sind, können viele Menschen ab 40 noch gut sehen, zum Lesen aber brauchen sie eine Brille. Sie gleicht die Sehschwäche der Linse aus, denn das Glas der Brille ist wie eine Linse gewölbt. Da die Linse gekrümmt ist, werden die Lichtstrahlen noch einmal so gebrochen, dass die Blume umgekehrt, mit der Blüte nach unten, auf der Netzhaut erscheint. Dieses Bild wird über Nerven in das Gehirn „gefunkt". Das Gehirn dreht das Bild wieder um und wir sehen die Blume richtig.

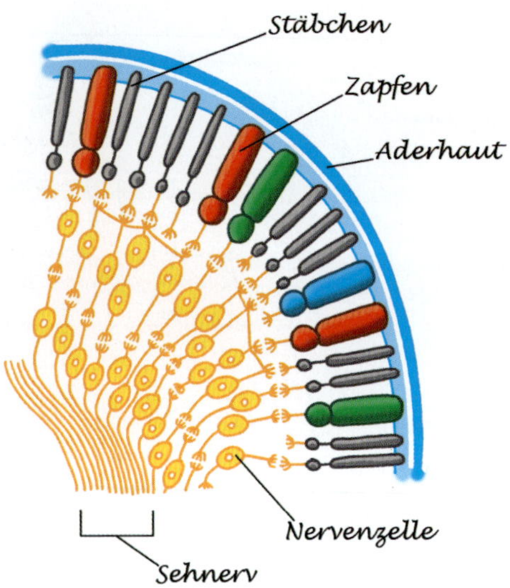

Antennen im Auge

Wo sitzen nun die klitzekleinen Antennen, die Sinneszellen? Sie befinden sich auf der Netzhaut, der inneren Leinwand im Auge, und sind über ein Netzwerk von Nervenzellen und -fasern mit dem Gehirn verbunden. Die Sinneszellen empfangen die Lichtstrahlen, die ein Bild aussenden, zum Beispiel das Bild einer Blume, eines Baums, eines Hauses. Nun gibt es Sinneszellen, die sich auf das Schwarz-Weiß-Sehen spezialisiert haben. Sie heißen Stäbchen. Die anderen nennt man Zapfen. Sie sind für das Farbsehen zuständig.
Wir haben 6 Millionen Zapfen und 120 Millionen Stäbchen im Auge. Bei normalen Lichtverhältnissen arbeiten Zapfen und Stäbchen gleichermaßen. Zusammen vermitteln sie uns das komplette farbige Bild der Umwelt. Die Zapfen informieren uns über die Farben. Erst ab einer bestimmten Helligkeit senden die Zapfen über den Sehnerv Impulse zum Gehirn. Und erst dann entsteht unser Empfinden für Farben. Kaum zu glauben, aber die Zapfen können nur drei Farben wahrnehmen: Rot, Blau und Grün, aus denen dann das Gehirn unzählige Farbenempfindungen „mischt". Die Zapfen sorgen auch dafür, dass wir scharf sehen.

Tobys Tipps

Halte eine große Linse oder ein Glasprisma unter eine Lampe und lege ein weißes Blatt Papier darunter. Was siehst du? Genau, du siehst einen kleinen Regenbogen.
Licht ist normalerweise weiß. Wenn es durch die Linse geht, wird es „gebrochen". Das Glas der Linse ist in bestimmter Weise geschliffen. Dadurch wird das Licht in die Farben Rot, Orange, Gelb, Grün, Blau, Violett zerlegt. Sie heißen Spektralfarben.

Hinten im Auge ist eine kleine Delle. Sie heißt „gelber Fleck" und liegt direkt gegenüber der Linse. Dort sitzen sehr viele Zapfen; deswegen können Menschen dort am schärfsten sehen. Nicht weit davon entfernt befindet sich der „blinde Fleck". Mit dem „blinden Fleck" kann man tatsächlich nichts sehen. Das ist eine winzige Stelle, in der keine Sinneszellen sitzen, sondern nur Nervenfasern, die die Sinneswahrnehmungen zum Gehirn leiten.

In der Dämmerung dagegen erkennen wir nur noch Formen, Umrisse und Grautöne. Wir können vor allem Farben nicht mehr so gut unterscheiden. Nun sind die Stäbchen aktiv. Sie kommen mit relativ wenig Licht aus und melden uns, ob es hell oder dunkel ist. Deswegen sind für uns in der Nacht alle Katzen grau. Die Sehschärfe leidet ebenfalls. Denn anders als die Zapfen ist nicht jedes Stäbchen mit einer Nervenfaser verbunden. Wenn es komplett dunkel ist, sehen wir überhaupt nichts mehr.
Die „Füllung" des Auges heißt Glaskörper. Sie besteht aber nicht aus Glas, sondern aus einer Art Gel: Es ist durchsichtig – sonst würde das Licht auch nicht hindurchgehen – und besteht vor allem aus Wasser.

Warum haben wir nicht einfach ein einziges großes Auge mitten auf der Stirn, sondern zwei nebeneinander? Weil beide Augen aus einem etwas anderen Blickwinkel sehen. Die beiden Bilder werden im Gehirn zusammengesetzt und dadurch wirkt das, was wir sehen, nicht einfach platt wie eine Scheibe, sondern räumlich.

Schutz für unsere Augen

Da die Augen so wichtig sind, sollten wir auf sie achten und alles dafür tun, dass sie lange gut sehen können. Sehr wohltuend ist es zum Beispiel am Computer oder beim Fernsehen, die Augen immer mal wieder vom Bildschirm abzulenken und woanders hinzuschauen, die Augen hoch und runter sowie nach rechts und links zu bewegen. Das fühlt sich anfangs ein wenig seltsam an, aber die Augen gewöhnen sich daran. Das konzentrierte Starren auf die ständig gleiche Fläche, bestehend aus Millionen kleiner flimmernder Bildpunkte eines Monitors, ist für die Augen extrem anstrengend. Helle Beleuchtung beim Lesen ist ebenfalls wichtig, damit die Augen nicht überanstrengt werden. Denn wie bei einer Kamera ist das Bild, das wir mit unseren Augen sehen können, bei Licht am deutlichsten erkennbar. Je dunkler es wird, desto schlechter sehen wir – ein eingebautes Blitzlichtgerät haben wir nun mal nicht.

Eine gute Sonnenbrille mit starker Tönung und speziellen Gläsern mit UV-Filter nach UV-400-Standard ist Sommer wie Winter bei starkem Sonnenlicht wichtig, um die Augen vor ultravioletter Strahlung zu schützen. Das heißt aber nicht, dass man mit einer Sonnenbrille direkt in die Sonne schauen darf. Denn wer länger in dieses sehr helle Licht schaut, kann seine Augen ernsthaft schädigen, ja sogar blind werden. Deshalb tragen Menschen, die extrem hellem Licht ausgesetzt sind – wie zum Beispiel Bergsteiger in Gletscherregionen oder Handwerker, die Schweißgeräte benutzen –, spezielle Schutzbrillen.

Tobys Tipps

Mit Obst und Gemüse, das die Vitamine A, C und E enthält, kannst du deine Augen stärken. Vitamin A ist ein „Augenvitamin“. Der Körper kann es aus Karotinoiden, den rot-gelben Pflanzenfarbstoffen, bilden. Sie sind zum Beispiel in Möhren, Paprika, Tomaten, Spinat und Brokkoli enthalten. Bei grünem Gemüse sieht man die Karotinfarbe nicht, weil sie vom Blattgrün überdeckt wird. Zitrusfrüchte, Kiwis und Hagebutten liefern zum Beispiel viel Vitamin C; Sonnenblumen- und Maiskeimöl Vitamin E.

Musik in unseren Ohren?

Lautstark ruft die Mutter aus der Küche zum Mittagessen, Kinderlieder klingen aus dem Kassettenrekorder, der Wellensittich zwitschert fröhlich in seinem Käfig und aus dem Badezimmer ist Wasserplätschern zu hören, weil der Vater noch schnell vor dem Essen unter die Dusche gesprungen ist – alle diese Geräusche und Töne dringen in unsere Ohren und gelangen in unser Gehirn. Selbst mit geschlossenen Augen wissen wir aufgrund unserer Erfahrung, was wir da gerade hören. Mit dem Gehör können wir uns orientieren, denn wir merken auch, aus welcher Richtung ein Geräusch kommt. Außerdem ist das Hören wichtig, damit wir uns mit anderen verständigen können. Denn nur, wer hören kann, lernt gut und verständlich sprechen.

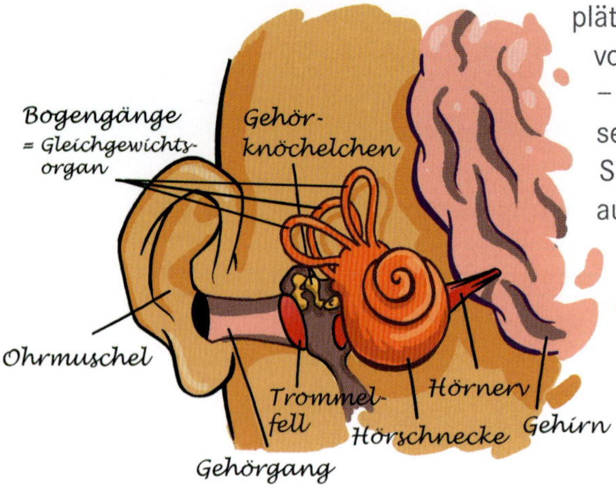

Das, was man von den Ohren zunächst außen sieht, sind die beiden Ohrmuscheln. Ein wenig ähneln sie auch Muscheln. Wie zwei Trichter nehmen sie die vielen Geräusche um uns herum auf, denn diese verursachen Schallwellen in der Luft, die in den Gehörgang eindringen. Dort sitzen Drüsen, die Ohrschmalz produzieren. Er verhindert, dass Krankheitserreger und Schmutz in das Innenohr gelangen. Über den Gehörgang werden die Schallwellen an ein ganz zartes Häutchen am Ende des Ganges geleitet. Es heißt Trommelfell, denn ähnlich wie eine Trommel fängt es nun an zu vibrieren.

Tobys Tipps

Nimm ein Papiertaschentuch zur Hand und drehe es an einem Zipfel ein Stückchen ein. Mit dem eingedrehten Ende kannst du nun deine Ohren vorsichtig säubern. Hin und wieder kannst du sie auch mit einem feuchten Waschlappen reinigen.

Mit dem Trommelfell sind winzige Gehörknöchelchen verbunden: Hammer, Amboss und Steigbügel, übrigens die kleinsten Knochen im Körper. Sie sind so groß wie ein Stecknadel- oder ein Streichholzkopf. Sie hängen mit Bändern in der Paukenhöhle, die über die Ohrtrompete mit dem Rachen verbunden ist.

Toby wundert sich. Ganze Musikinstrumente scheinen sich im Ohr zu befinden. Vielleicht gibt es Miniaturausgaben, die in das Ohr der Menschenkinder passen und an denen Zwergmusiker sitzen?

Im Ohr sitzt natürlich kein Orchester. Es sind eher kleine Konzerträume, Gänge und Einrichtungen, die die „Musik“ – die Schallschwingungen der Luft – im Ohr weiterleiten.

Zurück zu den Gehörknöchelchen. Sie fangen nun ebenfalls an, sich zu bewegen. Der Steigbügel, das letzte Knöchelchen in der Reihe, überträgt die Schwingungen an eine Flüssigkeit im Innenohr, das aus einem Labyrinth von Gängen und Hohlräumen besteht. Hier liegt auch ein langer, knöcherner Gang. Er heißt Schnecke und ist das eigentliche Hörorgan.

Laute Töne wirken vor allem auf kleinere Kinder beängstigend. Auch das Fernsehen beeinflusst kleine Kinder, selbst wenn sie gar nicht hinsehen. Durch ungewohnte oder laute Geräusche können zum Beispiel actionreiche Trickfilme oder Krimis bei ihnen Angst auslösen.

Na, das wird ja immer doller, staunt Toby. Trommeln, Pauken, Trompeten und Muscheln und nun auch noch eine Schnecke. Seltsam, seltsam.

Der Gang heißt so, weil er wie ein Schneckenhaus gewunden ist. Die Flüssigkeit in der Schnecke fängt auch an, sich zu bewegen. In der Schnecke sitzen etwa 15.000 Sinneszellen! Sie haben Haare und heißen deshalb Haarsinneszellen. Diese feinen Härchen werden durch die Wellenbewegung in der Flüssigkeit umgebogen und funken dies an die Nervenzellen weiter, mit denen sie verbunden sind. Der „Funkspruch" gelangt zum Hörnerv und schließlich ins Gehirn. Es unterscheidet die Geräusche und Töne und weiß genau, ob es sich um die Stimme der Mutter handelt, Lieder ertönen, der Wellensittich zwitschert oder Wasser prasselt. Das Ohr ist ein wahres Wunderwerk.

Und ein Wunderwerk will sorgsam behandelt werden ... Wer seine Ohren zu lange lauter Musik per Kopfhörer aussetzt, kann damit die Haarsinneszellen im Ohr schädigen, vielleicht sogar schwerhörig werden. Als Regel gilt: Maximal zehn Minuten am Tag laut Musik hören. Besser ist es, Musik, Filme oder Hörspiele immer bei mittlerer Lautstärke anzuhören.

Wunderwerk Gehör

Der Hörsinn ist von allen Sinnen am besten ausgeprägt. Er ist noch genauer und leistungsfähiger als unser Auge. Das Ohr kann bis zu 400.000 Töne auseinanderhalten. Mit unserem Gehör unterscheiden wir vor allem laute und leise, hohe und tiefe Töne, Klänge oder Geräusche. Je nachdem, wie lange und wie häufig sie auftreten, empfinden wir sie als angenehm, wohlklingend, nervig oder sogar schmerzhaft.

Zum guten Hören gehört, dass wir Geräusche unterscheiden, einordnen und das Gehörte auch behalten können. Beides ist notwendig zum Erlernen von Sprache. Das können wir trainieren.
Mit dem Ohr können wir aber nicht nur hören. Unser Gehör sorgt dafür, dass wir im Gleichgewicht sind, denn im Innenohr liegt das Gleichgewichtsorgan. Es besteht aus drei Gängen, die ebenfalls mit Flüssigkeit gefüllt sind. Wenn wir uns zum Beispiel nach vorne beugen oder nach hinten kippen, bewegt diese Flüssigkeit sich immer mit. Bestimmte Sinneszellen „melden“ das an Nerven, die dem Gehirn dann über unsere Lage Bescheid geben. So wissen wir zum Beispiel, dass wir uns aufrichten müssen, um nicht umzufallen.

Riechen, was los ist

AHA!

Der Mensch kann etwa 10.000 unterschiedliche Düfte und Gerüche wahrnehmen. Kein Wunder, denn er verfügt über rund 10 Millionen Sinnes- oder Riechzellen. Sie besitzen etwa 350 unterschiedliche Rezeptortypen, die jeweils auf eine ganz bestimmte Art von Duftmolekülen spezialisiert sind.

Woran erkennen wir, dass ein Kuchen im Ofen ist, ein knuspriges Hähnchen auf dem Grill brutzelt oder die Milch anbrennt, auch wenn wir uns gar nicht in der Küche aufhalten, die Tür sogar geschlossen ist? Ein bestimmter Duft oder Geruch zieht durch die Türritzen, breitet sich im Zimmer aus und dringt in unsere Nase. Es riecht lecker, würzig oder – wenn die Milch auf dem Herd vergessen wurde – verbrannt. Das kann sogar richtig in der Nase beißen. Wir riechen also, was in der Küche los ist.

Wir riechen aber auch den Frühling, Blumen, frisch gemähten Rasen, den Duft am Meer oder wenn im Winter „Schnee in der Luft liegt“. Der Körpergeruch eines Menschen entscheidet oft darüber, ob wir jemanden anziehend oder eher abstoßend finden. Es heißt, man kann einen Menschen riechen oder nicht. Unsere Nase ist ein wichtiges Sinnesorgan.

Unser Geruchssinn sitzt im oberen Teil der Nase. Dort befinden sich etwa zehn Millionen Riechzellen. Jede von ihnen hat am Ende einen kleinen Riechkolben. Das ist eine Verdickung, auf der winzig feine Riechhärchen sitzen. Und diese Härchen sind es, die Düfte aufnehmen. Doch nicht jede Zelle nimmt jeden Duft auf, sondern sie sind auf verschiedenste Düfte spezialisiert. Diese Duftinformationen werden über Nerven an das Gehirn weitergeleitet und dort zu einem bestimmten Geruch zusammengesetzt.
Das Gehirn speichert die eingehenden Duft- und Geruchsinformationen ab. Im Laufe der Zeit bildet sich eine Art Geruchsmuster, ähnlich einer Patchwork-Decke.

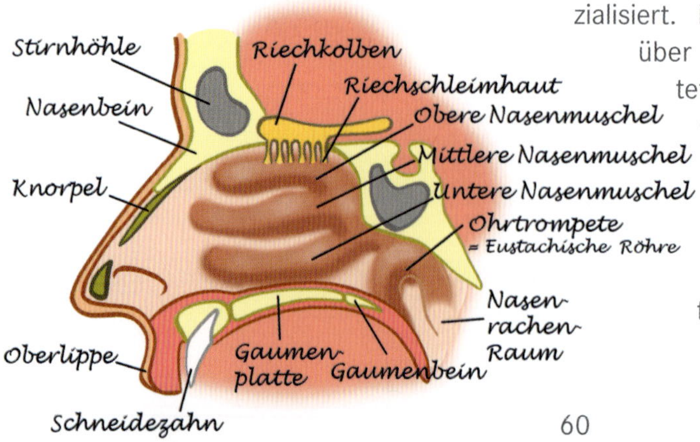

So können wir uns ein Leben lang an bestimmte Düfte erinnern, die auch mit Gefühlen verbunden sind. Wenn wir zum Beispiel an Großmutters selbstgebackenen Apfelkuchen denken, wird uns ganz warm ums Herz, weil wir uns zugleich entsinnen, wie liebevoll sie sich um uns gekümmert hat.

Schließ deine Augen und geh in deinem Kinderzimmer und in eurer Küche auf Schnupper-Tour. Welche Gerüche nimmst du wahr? Auch ein Spaziergang im Garten, Park oder Wald eignet sich, um Gerüche der Natur zu sammeln. Aber Vorsicht: Mach draußen besser die Augen auf, weil du sonst leicht über eine Wurzel stolpern kannst ...

Knospen auf der Zunge

Um zu wissen, ob wir Vanille- oder lieber Schokoladen-Eis mögen, brauchen wir den Geschmackssinn. Er wird zu einem Teil von der Zunge wahrgenommen, genauer gesagt von Geschmacksknospen auf der Zunge. Sie heißen so, weil sie tatsächlich aussehen wie Knospen, wie Tulpenknospen. Sie sind allerdings sehr klein und mit bloßem Auge nicht zu erkennen. In den Geschmacksknospen sitzen Sinneszellen, die alle mit einem „Geschmacksstiftchen" aus der Knospe herausragen. Und diese feinen Stiftchen sind es, mit denen wir sauer, salzig, bitter, süß und umami schmecken. Umami ist japanisch und heißt „wohlschmeckend". Diese als herzhaft empfundene Geschmacksrichtung ist vor allem in eiweißreichen Lebensmitteln enthalten, außerdem in Tomaten, Mais und Pilzen. Sie wird aber auch von dem umstrittenen künstlichen Geschmacksverstärker Glutamat ausgelöst, der in vielen Fertiggerichten vorkommt.

Die verschiedenen Geschmacksrichtungen nehmen wir auf bestimmten Regionen der Zunge besonders intensiv wahr, aber alle schmecken wir auch in den jeweils anderen Arealen. Der Geschmack ist sehr wichtig, denn so entdecken wir nicht nur unser Lieblings-Eis, sondern merken meist auch schnell, wenn etwas schlecht geworden oder ungenießbar ist. Über die unterschiedlichen Geschmacksrichtungen erfahren wir, was in der Nahrung steckt. Braucht unser Körper Nährstoffe, liefert der salzige Geschmack einen Hinweis auf enthaltene Mineralien. Schmeckt etwas süß, wissen wir, dass diese Speise zwar lecker, aber zuckerhaltig und kalorienreich ist. Bitteres herauszuschmecken, war vor allem für unsere Vorfahren überlebenswichtig, denn es warnte sie vor Giftstoffen in pflanzlicher Nahrung. So erklärt sich auch, warum unsere Zunge viel mehr Geschmacksrezeptoren für Bitteres hat als für Süßes.

Tobys Tipps

Wetten, dass du mit zugehaltener Nase einen Apfel nicht von einer Karotte und einer Birne unterscheiden kannst? Du glaubst mir nicht? Schneide einen Apfel, eine Karotte und eine Birne in kleine Würfel. Mama oder Papa helfen dir bestimmt gern dabei. Nun verbinde dir mit einem Tuch die Augen und halte dir fest die Nase zu. Probier nun nacheinander das Kleingeschnittene. Kannst du erraten, was du gerade im Mund hast? Nein? Diese Wette habe ich gewonnen!

Wir schmecken aber nicht nur mit der Zunge, sondern – so seltsam es klingen mag – zu einem großen Teil auch mit der Nase. Mit den Riechzellen in der Nase erschnuppern wir das Aroma eines Essens. Alle Informationen werden an das Gehirn weitergeleitet, dort verknüpft und zu einem Geschmack verbunden. Zunge und Nase ermöglichen also gemeinsam, dass wir schmecken können. Deshalb schmeckt auch alles fade, wenn wir starken Schnupfen haben. Die Nase ist verstopft und wir können nichts mehr riechen: Die Nudeln schmecken nur noch salzig, das Gemüse nach nichts und der Erdbeerquark nur noch süß.

Mit den Fingern lesen

Ohne hinzuschauen, kann man einen Apfel, eine Karotte und eine Sellerieknolle gut voneinander unterscheiden, wenn man einfach nur mit den Fingern über ihre Oberfläche streicht. Der Apfel fühlt sich fest und glatt an, die Karotte ein bisschen hubbelig und der Sellerie wie eine raue Kraterlandschaft. Wir fühlen außerdem, dass der Apfel rund ist und eine kleine Delle hat, die Knolle dick und rund ist, die Karotte schmal und lang. Das nehmen wir mit unserem fünften Sinn, dem Tastsinn, wahr, der in der Haut, aber auch im Körper liegt, wie wir gleich sehen werden. Mit Hilfe dieses Sinnes können wir spüren, ob etwas glatt oder rau, rund oder eckig, hart oder weich, warm oder kalt ist. Er ermöglicht uns zu erfühlen, wie groß ein Gegenstand ist, welche Form und Beschaffenheit er hat.

Millionen von Sinneszellen sitzen in der Haut und im Körper. Sie fühlen, wenn etwas drückt, vibriert, uns berührt, gedehnt wird, wenn etwas weh tut, heiß oder kalt ist, etwas zwickt, kitzelt oder streichelt. Unter der Haut sitzt ein dichtes Netz von Sinneszellen. Wie winzige Fühler nehmen sie die Empfindungen auf und funken sie an das Gehirn. Dort entsteht dann zum Beispiel das Gefühl, dass sich etwas samtig, weich, kuschelig oder warm anfühlt.

Dicht an dicht drängen sich die Sinneszellen in den Fingerkuppen; in der Haut am Rücken dagegen liegen sie oft mehrere Zentimeter auseinander. Mit ihren Fingerspitzen können daher blinde Menschen eine Relief- oder Punktschrift lesen, indem sie die Buchstaben als verschiedene Zeichen oder Punktmuster auf dem Papier ertasten. In den Handflächen und den Lippen sitzen ebenfalls viele Sinneszellen. Deswegen nehmen Babys alles in den Mund. Sie ertasten ihre Umwelt mit Mund und Händen und „be-greifen“ so nach und nach die Welt, in der sie leben.

Das beste Tastorgan ist die Zunge. Sie erspürt sofort das feinste Haar, das sich in den Mund verirrt hat oder die dünnste Gräte. Selbst das kleinste Loch in den Zähnen bleibt ihr nicht verborgen. Denn auch die Zunge ist dicht mit Tastsinneszellen ausgerüstet.

Auch im Inneren des Körpers sind spezielle Tastsinneszellen. Sie befinden sich in Gelenken, Sehnen und Muskeln und benachrichtigen ständig das Gehirn, wenn sich zum Beispiel auf einer Wanderung die Spannung in den Beinmuskeln ändert oder die Sehne dehnt. So ortet das Gehirn, wie wir gerade stehen, und weiß, wie wir den Ast, der im Weg liegt, am besten überwinden und wohin der nächste Fuß sich bewegen sollte. Man nennt diese Form des Tastsinnes Tiefenwahrnehmung. Wenn die Tastsinneszellen in den Fußsohlen beim Barfußlaufen dagegen melden, dass der Weg steinig ist, spricht man von Oberflächenwahrnehmung. Übrigens: Barfußlaufen schult die Wahrnehmung an den Fußsohlen.

„Oh super!“ ruft Toby und schleudert flugs seine Schuhe in die Ecke der Höhle. Voller Freude beginnt er, mit bloßen Füßen um das Feuer herum zu tanzen. „Autsch!“, schreit er mit einem Mal auf. Er ist auf einen spitzen Stein getreten. Das Feuer flackert ihm zu: „Man sollte immer genau hinschauen, wohin man tritt!“

Tobys Tipps

Sie können den Tastsinn ihres Kindes schulen, wenn sich im Kinderzimmer Dinge aus verschiedenen Materialien befinden. Empfehlenswert sind Holz, Kork und – wenn das Kind etwas älter ist – Terrakotta, Ton und Keramik. Schön ist auch eine Kiste mit verschiedenen Gegenständen: Bauklötze, Wäscheklammern, Kastanien, Korken, Papierkugeln ...

AHA!

Wasser und Sand bergen eine Fülle an sinnlichen Erfahrungen. Wasser ist nass, kann kalt oder warm sein, gluckert, plätschert oder prasselt. Es riecht und schmeckt speziell. Mit Sand ergibt es einen dick- oder dünnflüssigen Matsch zum Spielen. Sand kann auch kalt oder warm sein, steinig, grobkörnig, fein, trocken oder feucht. Und er knirscht zwischen den Zähnen.

Kapitel 7
Die gute Seele meines Körpers

Watschelenten mit Seele

Es ist ein warmer Sommertag. Fine und Zoe fahren mit den Fahrrädern zum See. Am Ufer machen es sich die Freundinnen gemütlich. Sie haben sich viel zu erzählen, schmausen mitgebrachte Brote und beobachten das Treiben um sie herum: Schwäne ziehen gelassen ihre Bahnen, schillernde Libellen surren übers funkelnde Wasser und eine Horde Enten watschelt laut schnatternd in den Schatten. Fine greift nach einem Stein und wirft ihn in den See. Während der Stein – Platsch! – versinkt, kommt plötzlich sichtbar Bewegung ins Wasser: Es spritzt nach allen Seiten, es blubbert und gurgelt. Bläschen steigen auf und an der Wasseroberfläche bilden sich Kreise, die nach außen hin immer größer werden.

Zoe wird bei dieser Beobachtung nachdenklich. „Mit fällt gerade auf, dass das Wort See auch in dem Wort Seele drinsteckt. Hört sich fast an, als wären die beiden miteinander verwandt. Das kann aber auch nur Zufall sein. Jedenfalls: Wenn man die menschliche Seele durch irgendwas von außen berührt oder anstößt, dann kommt sie in Bewegung." Fine pflichtet Zoe bei: „Stimmt! Durch den Stein wird das vorher ruhige Wasser bewegt. Und wenn ich dir eine Beleidigung an den Kopf werfe, dann kommst du auch in Bewegung und in Wallung, wetten?" Fine grinst Zoe an und sagt schelmisch: „Du bist ein ganz dämlicher Schnatterschnabel! Und eine plumpe Watschelente!" Dann springt sie auf und watschelt schnatternd und feixend um Zoe herum.

Zoe lacht, denn beleidigt ist sie jetzt natürlich nicht. Aber im Ernstfall hätte so eine fiese Attacke etwas Unangenehmes in ihr ausgelöst, etwas in ihrem Innern bewegt. Es wären traurige oder wütende Gefühle in ihr aufgestiegen. So wie neulich, als einer aus der Schule unverschämte Lügen über sie erzählt hat. Diese Gemeinheit hat Zoe seelisch sehr aufgewühlt und völlig durcheinander gebracht. Sie konnte sich erst wieder entspannen und besser fühlen, als die Sache geklärt und abgeschlossen war. Aber jetzt lässt sich Zoe von der Neckerei ihrer Freundin nicht provozieren. Im Gegenteil: Sie watschelt mit ihr kichernd und schnatternd am Ufer herum. Und die Enten gucken verdattert zu.

Zuhause bei Toby

Tja, nicht nur die Enten sind verdattert. Toby ist es auch. Von einem See im Menschen hat er noch nie etwas gehört! Hinter Schilfhalmen versteckt hat er Fine und Zoe belauscht. Interessant, wovon die beiden Mädchen gesprochen haben. Eine menschliche Seele – was das wohl ist? Toby macht es sich in seiner Höhle erst mal so richtig gemütlich, legt sich mit einem leckeren Saftcocktail neben das magische Feuer und fragt:

Woher die Seele kommt

Der tiefste See der Welt ist der Baikalsee in Sibirien. Er ist fast 1.700 m tief.

Die beiden Wörter sehen sich nicht nur sehr ähnlich: Die Seele und der See haben wirklich etwas gemeinsam ... Vor Tausenden von Jahren haben unsere Vorfahren, die Urgermanen, ihr Wort für Seele von dem Wort für See abgeleitet. Die beiden Worte sind sozusagen uralte Verwandte. Denn die Menschen damals glaubten, dass ihre Seelen, bevor sie geboren werden, in bestimmten Seen leben und nachdem sie gestorben sind, dorthin zurückkehren. Aber die Seele und der See haben noch etwas gemeinsam. Sie sind beide sehr sehr tief.

So tief kann die Seele des Menschen nicht sein? Doch, sie kann, sie ist sogar noch viel tiefer! Sie ist so tief, dass es sich gar nicht messen lässt. Es ist schwer, sich das vorzustellen, aber die Seele hat keinen Boden so wie ein See. Sie ist unendlich tief und doch wohnt sie verborgen in jedem Menschen.

Fasziniert liest Toby die Antwort des Feuers. „Das ist ja fantastisch!", ruft er. – Fantastisch, fantastisch, fantastisch, fantastisch ..., hallt seine Stimme von der Höhlenwand wider. Plötzlich macht er ein trauriges Gesicht. „Ob ich auch eine Seele habe?," fragt er sich und schaut an seinem winzigen Körper herunter, „wenigstens eine kleine?" Er fasst sich auf den Bauch und lauscht ganz still. Es ist nichts zu hören. „In der Tiefe muss sie sitzen", sagt er zu sich selbst und schüttelt den Kopf, weil er nicht eher darauf gekommen ist. Ächzend beugt er sich mit seinem Ohr bis zu den Zehen hinunter. Wieder nichts! Ja, wo sitzt denn die Seele?

Wo die Seele wohnt

Was erfreut deine Seele? Schreib dir eine kleine Liste in ein Heft. Dann hast du immer Ideen parat, wie du dir Gutes tun kannst. Diese Dinge „streicheln" deine Seele und du kannst sie anwenden, wenn du einmal traurig bist.

Die Seele steckt unendlich tief in einem selbst. Sie ist das Innere des Menschen, sein Wesen, seine Ausstrahlung, das, was ihn im Kern ausmacht und einzigartig sein lässt. Sie ist das, was den Menschen lebendig macht.

In der Bibel ist die Seele die Lebenskraft. Die Seele können wir nicht sehen, nicht riechen und nicht anfassen, und doch ist sie immer da, überall im Körper. Sie lässt sich erfühlen. Wenn die Mutter zum Beispiel das Lieblingsessen kocht, ist die Freude bei den Kindern riesengroß. So ist auch das Gefühl, wenn auf dem Geburtstagstisch ein Geschenk liegt, das man sich von ganzem Herzen gewünscht hat. Glücksgefühle empfinden Eltern, wenn ihr Kind zum ersten Mal Mama oder Papa sagt.

Das Gefühl der Freude ist auch da, wenn einem die Freundin einen feuchten Kuss auf die Wange drückt und sagt, dass sie einen richtig doll lieb hat. Die Begeisterung ist dann so groß, dass das Herz einen Hüpfer macht vor Glück. Wir freuen uns dann und die Seele ist weit und glücklich. Wir sind berührt.

Die Seele kann aber auch von Kummer berührt sein. Streiten sich zum Beispiel die Eltern oder gute Freunde, ist das Kind vielleicht so unglücklich, dass sich sein Herz zusammenzieht. Das tut es nicht wirklich, aber es fühlt sich so an. Es heißt, etwas tut einem in der Seele weh oder liegt einem auf der Seele. Die Gefühle und unsere Stimmung sind es, die uns verraten, wie es unserer Seele geht. Das ist wichtig. Denn so wissen wir, ob uns etwas gut tut oder nicht.

Manchmal können Menschen ihre Seele hören. Sie ist unsere innere Stimme, die signalisiert, was wir in einer bestimmten Situation tun sollen oder besser sein lassen. Meistens ist sie leise und zart. Diese innere Stimme wird auch Intuition oder Bauchgefühl genannt. Bisweilen leuchtet sie plötzlich auf wie eine innere Warnlampe, kurz und grell. Egal, wie sie sich regt, sie kann uns auf eine gute Sache aufmerksam machen oder aber vor einer drohenden Gefahr schützen.

Was die Seele weiß

Hat die Seele also auch etwas mit unserem Gewissen zu tun? Das Gewissen ist das Wissen darum, was die Seele sagen will. Es ist sozusagen ein inneres Wissen. Wenn wir zum Beispiel bei einer getroffenen Entscheidung unserem Gewissen gefolgt sind, dann meinen wir, dass wir darauf gehört haben, was uns die Seele in der Tiefe rät, egal was andere denken und behaupten.

Tobys Tipps

Jeder Mensch kann lernen, sein Gewissen wahrzunehmen, indem er sich selbst fragt: Wann hatte ich ein gutes Gewissen? Wann hatte ich ein schlechtes Gewissen? Wie habe ich mich dabei gefühlt? Warum hatte ich ein schlechtes Gefühl bei einem schlechten Gewissen – und umgekehrt?

In Träumen äußert sich ebenfalls die Seele. Träume enthalten oft verschlüsselte Botschaften, in denen die Seele eine Art „Traumsprache" verwendet. Darin können so starke Symbole vorkommen wie zum Beispiel Zähne fletschende Hunde, Abgründe, ein breiter Fluss oder eine idyllische Naturlandschaft mit einer saftigen, grünen Wiese, auf der wir herumhüpfen. Wir können gar nicht anders, als sie zu beachten. Diese Symbole gehören aber immer zu dem Menschen, der sie geträumt hat, zu seinem Leben und seiner Situation. Sie lassen sich nicht allgemein deuten.

Erinnerst du dich am Morgen an einen Traum oder hat er dich besonders beeindruckt, dann zeichne ihn auf. Horche in dich hinein, was der Traum dir erzählen will. Wenn du Lust hast, leg neben dein Bett dein Traum-Tagebuch, in das du gleich nach dem Aufwachen deine Träume malen kannst.

Es ist sehr hilfreich, sich eine Zeichnung oder Notizen über einen Traum zu machen, um sich auch ein paar Tage später noch an ihn erinnern zu können. Menschen können ihre Träume einfach eine Weile auf sich wirken lassen. Und auch wenn wir nicht sofort verstehen, was uns die Seele mit dem Traum sagen will, dämmert es uns vielleicht nach ein paar Tagen, was er bedeuten könnte. Indem wir unsere Träume ernst nehmen und ihnen nachspüren, lernen wir mit der Zeit, ihre Sprache zu verstehen. Außerdem signalisieren wir unserer Seele damit, dass wir wissen möchten, was sie uns sagen will. So entwickeln wir eine Beziehung zu ihr.

Die Seele finden

Es ist nicht immer leicht, die Seele zu spüren. Besonders, wenn das Telefon ständig klingelt, in der Küche Geschirr scheppert, die Hausaufgaben nerven, im Zimmer Chaos herrscht, aus dem Fernseher lautstark die Bundesliga-Endspiele dröhnen und die Freundin in der Tür steht und von einem Bein aufs andere springt, weil der Kinofilm bald anfängt. Die Seele finden wir, wenn es still ist um uns. So können wir zum Beispiel den Sternenhimmel anschauen, eine alte Eiche im Park bewundern, eine Rose betrachten oder ein Gänseblümchen im Gras, dem Meeresrauschen lauschen, den Gesang eines Vogels genießen, Musik hören, malen, tanzen oder lesen und dabei ganz bei uns selbst sein. Das sind Momente, in denen sich die Seele regt und wir sie spüren können. Jeder Mensch hat seinen eigenen Weg, seine Seele zu finden. Es geht darum, sich einmal in aller Ruhe auf sich zu besinnen und in sich hinein zu lauschen. Die Botschaft der Seele kann schön sein, oder aber es steigt ein wehmütiges, trauriges Gefühl auf. Beide Empfindungen sagen etwas.

Eine andere Möglichkeit, sich an seine Seele zu wenden, ist, ihr einen Brief zu schreiben. Das klingt seltsam, kann aber äußerst hilfreich sein. Der bekannte Psychologe Carl Gustav Jung hat das getan in schwierigen Lebenssituationen, die er nicht zu lösen wusste. Die Antwort findet sich natürlich nicht am nächsten Tag im Briefkasten, sondern sie steigt in unserem Inneren auf. Zuerst ist es, als ließe sich die Antwort ahnen, bis sie sich in eine Art tiefes Wissen wandelt. Der Mensch weiß auf einmal: Ja, das ist es! Denn die Antwort liegt auf dem Grund unserer Seele.
Wir können noch so nachdenken und grübeln, wir finden sie nicht. Erst wenn wir damit aufhören, ständig zu überlegen; erst wenn wir den Gedanken daran loslassen, dann steigt sie aus unseren Tiefen auf.

Tobys Tipps

Schreibe in einem Moment, in dem du nicht weiter weißt, einen Brief an deine Seele und leg ihn an einen Platz, der dir ganz wichtig ist. Das kann unter dem Kopfkissen sein, in deinem Lieblingsbuch oder in einer kleinen Kiste, deren Ort nur du kennst. Nun spüre immer wieder sanft in dich hinein. Fühlst du, wie sich eine Kraft in dir regt? Vielleicht „antwortet“ dir deine Seele auch in einem Traum. Hör und schau genau hin!

Was die Seele sagt

Die Seele meldet sich immer dann, wenn sie auf etwas aufmerksam machen will. Entweder gefällt ihr etwas und tut dem Leben gut, oder aber sie will warnen. Sie ist eine Art Seismograph in unserem Inneren, auf den wir uns verlassen können. Sie passt darauf auf, dass jeder Mensch in seinem Leben das tut, was zu ihm passt, oder dass er sich so verhält, wie es für ihn selbst in einer Situation angemessen ist. Es geht zum Beispiel darum, seinen Ärger nicht herunterzuschlucken oder gar zu lächeln, wenn Wut das vorherrschende Gefühl ist. Das heißt authentisch sein. Es bedeutet für einen Menschen, so zu sein und sich so zu geben, wie er ist und wie er sich fühlt.

Die Seele passt auch auf, dass wir Freundschaften schließen, bei denen sich unsere Seele „zu Hause fühlt“. Später im Leben gilt es herauszufinden, wie wir leben und welchen Beruf wir erlernen möchten. Unsere Seele steht uns dabei immer als innerer Ratgeber beiseite. Sie schützt uns, indem sie uns zum Beispiel mit einem komischen Bauchgefühl „meldet“, von einer Sache oder einer Person die Finger zu lassen. Haben wir ein freudiges Gefühl, können wir davon ausgehen, dass sie mit unserem Tun einverstanden ist. Es ist nicht so einfach, der Stimme seiner Seele zu lauschen und zu ahnen, was sie sagt. Aber wenn wir es immer wieder üben und geduldig sind, dann werden wir eines Tages hören, was sie uns sagen will.

Balsam für die Seele

Wir sollten unsere Seele pflegen und hüten wie einen kostbaren Schatz, damit wir gesund und munter bleiben. Gut für die Seele sind zum Beispiel Freundinnen oder Freunde, mit denen wir sprechen können, die uns zuhören, wenn wir Sorgen haben, ja, mit denen wir uns manchmal sogar ohne viele Worte verstehen. Das sind dann wahre Seelenfreunde, in denen die Seele ein Stück Zuhause findet und die wir oft ein ganzes Leben haben. Auch in dem Zimmer, in dem wir wohnen, möchte sich die Seele wohl fühlen. Wir sollten es so gestalten, dass es uns richtig gut gefällt.

Gut für die Seele ist alles das, was uns so richtig von Herzen erfreut. Das können ganz unterschiedliche Dinge sein: regelmäßig Sport treiben, an der frischen Luft herumtollen, tanzen, malen, basteln, singen oder mit Leidenschaft ein Musikinstrument spielen. Jeder sollte sich das heraussuchen, was ihm Spaß macht. Nur wenn es unserem Körper gut geht, fühlt sich die Seele in uns wohl und wir können ihre Signale besser erkennen.

Die Seele meldet sich auch über den Körper zu Wort. Bei Angst, Sorgen und Problemen schnürt sich beispielsweise die Kehle zu. Ein Mensch ist plötzlich sehr müde oder der Körper meldet sich mit Bauchweh, Kopfschmerzen, Übelkeit, Durchfall, obwohl der Mensch eigentlich gesund ist. Die Ärzte nennen das psychosomatische, das heißt „seelisch bedingte" Erkrankungen.

Tobys Tipps

Schenken Sie Ihrem Kind Momente uneingeschränkter Aufmerksamkeit, in denen Sie nur für das Kind da sind. Lesen Sie ihm vor, unterhalten Sie sich mit ihm, widmen Sie sich gemeinsam einem Spiel. Das braucht nicht viel Zeit zu beanspruchen. Wichtig ist, dass Ihr Kind spürt: Sie sind in dem Augenblick ganz und gar bei ihm.

Ein warmes Nest für die Kinderseele

Gerade in schnelllebiger Zeit und in einer Gesellschaft, in der Leistung und Medien zunehmend den Alltag der Kinder bestimmen, benötigen sie viel Wärme, Liebe und Zuwendung. Die Anwesenheit und Aufmerksamkeit der Eltern wirken sich auf die seelische Entwicklung des Kindes aus. Das Wichtigste ist, dass Eltern ihrem Kind signalisieren, dass sie es so annehmen, wie es ist. Das verleiht dem Kind das Grundgefühl: Ich bin richtig so in der Welt. Das ist die beste Basis, die Eltern ihrem Kind für seine seelische Entwicklung geben können.

Ganz entscheidend für das spätere Leben ist, wie die zarte Kinderseele von dem, was die Eltern sagen, und vor allem, wie sie es sagen, geprägt wird. So verletzend negative Meinungen sind, so wichtig und wohltuend sind positive Botschaften für die psychische Entwicklung des Kindes.

Monate, bevor sie die ersten Worte sprechen können, erfassen Kleinkinder das, was die Erwachsenen mit ihren Worten ausdrücken wollen. Wenn Eltern sich über ihr Kind oder ein Problem unterhalten, sollten sie in Hörweite ihres Kindes eher vorsichtig sein. Lobende Worte hingegen dürfen dann ruhig sein. Kinder wollen gelobt werden, sie brauchen es, dass ihnen vermittelt wird: Meine Eltern haben mich gern und sind stets für mich da, was auch immer geschieht.

Toby schaut in die Flammen des magischen Feuers. Das war ja wieder ein spannendes Kapitel. Er wird noch viel darüber nachdenken, was ihm die Flammen heute erzählt haben. Plötzlich zischt das Feuer noch einmal empor und er liest: „‚Glück ist leises Singen der Seele', hat die lettische Schriftstellerin Zenta Maurina einmal gesagt. Und wir können viel dafür tun, dass unsere Seele singt."

Kapitel 8
Kraftstoffe für Körper und Geist

Schwuppdiwupp – schon aufgetankt!?

Janis, Tim und sein kleiner Bruder Ben spielen im Kinderzimmer. Sie haben den Fußboden in eine tolle Landschaft verwandelt, durch die sie nun mit ihren Spielzeugautos brausen. Los gehts über Straßen und Brücken, durch Tunnel und Wälder. Zwischendurch tanken die Flitzer natürlich an der Tankstelle. Das ist wichtig, denn ohne Kraftstoff könnten die Motoren nicht laufen. Und ohne Sprit würde sich ein echtes Auto keinen Millimeter vom Fleck bewegen.

Während Janis die Tankstelle ansteuert, hat er plötzlich eine Idee: „Das wär doch ne tolle Sache, wenn wir Menschen einfach so zu einer Tankstelle gehen könnten, um unseren Körper – schwuppdiwupp – aufzutanken." Tim stoppt seinen Wagen, und auch der kleine Ben hält sein Fahrzeug abrupt mitten auf der Kreuzung an. „Ja! Das wär nicht schlecht!", meint Tim. „Vor allem wärs praktisch: Schwuppdiwupp – einmal vollgetankt – fertig! Und dann bräuchte man tagelang nichts mehr zu essen und zu trinken!" Mittlerweile hat Janis' Vater das Zimmer betreten, die aufgebaute Landschaft bestaunt und dem Gespräch zugehört. „Im Kraftstoff für Menschen müssten aber jede Menge ganz wichtige und gesunde Sachen drin sein, die wir für die Gesundheit, fürs Leben und auch zum Überleben brauchen", gibt er zu bedenken. Da fällt ihm der kleine Ben begeistert ins Wort: „Genau! Für mich müssten Kekse drin sein! Und Eis! Schwuppdiwupp – bitte Ben damit auftanken!"

Janis' Vater schmunzelt und erklärt: „Damit der Körper optimal funktioniert, benötigt er viel wichtigere Nahrungsmittel: Kohlenhydrate, Eiweiß, Fett, Vitamine, Spurenelemente und Flüssigkeit zählen dazu." „Dann geh ich jetzt gleich mal in die Küche zum gesunden Schwuppdiwupp-Tanken!" sagt Ben und klopft sich auf sein Bäuchlein. Die anderen lachen und gehen gerne mit!

Zuhause bei Toby

Ein kleiner Schatten huscht unbemerkt von den spielenden Kindern an der Wand des Kinderzimmers entlang. Es ist Toby. Aufgeregt schlüpft der kleine Teufel ins Freie. Er hat ja inzwischen schon einiges über die Menschen erfahren, aber dass sie wie Autos „betankt“ werden, ist ihm neu. „Was passiert, wenn sie einmal nicht tanken können?“, überlegt sich Toby. „Bleiben sie dann einfach liegen und kommen nicht mehr vom Fleck so wie ein Auto, das einen leeren Tank hat?“ Toby findet diese Vorstellung lustig. Er flitzt auf seinem Skateboard zurück zu seiner Höhle. Das muss er genauer wissen.

Die Nährstoffe

Die drei größten Gruppen von Nährstoffen sind Eiweiß, Kohlenhydrate und Fette. Sie liefern dem Körper Energie und Wärme. Man kann sie sich also wirklich wie Kraftstoffe vorstellen. Ein Auto „verbrennt" den Kraftstoff und gewinnt daraus die Energie zum Fahren. Im Körper wird die Nahrung „verbrannt", um daraus die Energie für alle lebenswichtigen Funktionen zu gewinnen. Wie bei einer richtigen Verbrennung ist dafür Sauerstoff nötig, den man ständig einatmet.

Der Körper braucht sogar im Ruhezustand Energie, um die Körpertemperatur aufrecht zu erhalten, die Atmung, das Herz-Kreislauf-System und den Stoffwechsel in Gang zu halten.

Energie kann allerdings nicht aus dem Nichts geschaffen werden, sie wird immer nur von einer Form in eine andere umgewandelt. In den Nährstoffen ist die Energie also schon vorhanden und zwar in Form von chemischen Bindungen. Mit Hilfe von Sauerstoff „verbrennt" der Körper diese chemische Energie – man spricht von Oxidation – und wandelt sie um in Wärmeenergie, Bewegungsenergie oder sogar elektrische Energie für das Herz, das Gehirn und die Nerven. Das geschieht natürlich ohne Feuer und sehr langsam. Andere Nährstoffe liefern zwar keine Energie, sind aber trotzdem als Bausteine oder Regulierungsstoffe für den Körper lebenswichtig. Es sind die Vitamine und Mineralstoffe. Aber der Reihe nach ...

Eiweiß: So heißen die Nährstoffe, die alle Körperzellen zum Wachsen brauchen. Eiweiß benötigt der Körper auch, um neue Zellen aufzubauen oder alte zu reparieren. Man unterscheidet zwischen tierischem und pflanzlichem Eiweiß. Tierisches Eiweiß ist in Eiern enthalten, aber auch in Fleisch, Fisch, Milch und Milchprodukten. Pflanzliches Eiweiß ist in Nüssen, Bohnen, Linsen und Getreide enthalten. Da Brot, Nudeln und Haferflocken aus Getreide hergestellt werden, liefern sie dem Körper also ebenfalls Eiweiß.

Kohlenhydrate: Kohlenhydrate sind richtige „Kraft"-Stoffe. Sie sind enthalten in Getreideprodukten wie Nudeln, Haferflocken und Brot, außerdem in Reis, Kartoffeln, Obst und Gemüse. Auch Süßigkeiten enthalten Kohlenhydrate. Im Körper werden Kohlenhydrate durch chemische Prozesse in Traubenzucker umgewandelt. Mit dem Blut gelangt der Traubenzucker als wichtigster Energiestoff in jede einzelne Zelle.

Reiner Zucker enthält weder Vitamine noch Mineralstoffe und sättigt kaum. Da er in vielen Lebensmitteln und Getränken enthalten ist – in Frühstücksprodukten, Kuchen, Ketchup, Limonade und Süßigkeiten – nehmen wir schnell zuviel davon auf, ohne es recht zu merken.

Es gibt Kohlenhydrate – wie in Weißmehlprodukten, weißem Zucker oder Süßigkeiten –, die der Körper sehr schnell in Traubenzucker umwandeln und als Energielieferant nutzen kann. Diese Energie hält allerdings nicht lange vor. Bei anderen Kohlenhydraten wie in Vollkornlebensmitteln nimmt die Umwandlung in Traubenzucker einige Zeit in Anspruch. Dafür hat der Körper dann aber auch Energiereserven, auf die er länger zurückgreifen kann. Man spricht auch von langsamen, „guten" und von schnellen, „schlechten" Kohlenhydraten. Weil schnelle Kohlenhydrate durch industrielle Fertigungsprozesse einfacher zusammengesetzt sind, lassen sie sich im Körper leichter aufspalten als die langsamen Kohlenhydrate, deren Zuckerbestandteile in längeren Ketten angeordnet sind.

Fette: Der Körper braucht Fett, denn es liefert viel Energie und hilft beim Aufbau der Zellen. Überschüssiges, zu viel aufgenommenes Fett wandelt der Körper in Fettzellen um. Sie sind wichtige Energiespeicher. Früher, wenn es in Notzeiten nicht genug zu essen gab, war das überlebenswichtig. Der Körper konnte bei geringerer Nahrungszufuhr die Fettzellen wieder abbauen, um daraus Energie und Wärme zu gewinnen. So war es dem Körper möglich, eine gewisse Zeit ohne Nahrungsmittel auskommen. Heute kennen wir solche Mangelzeiten in unseren Breiten nicht mehr. Deshalb werden Menschen, die zu fett essen und sich wenig bewegen, übergewichtig.

Tierische Fette sind in Wurst, Fleisch, Fisch, Käse und anderen Milchprodukten enthalten. Pflanzliches Fett bekommt der Körper vor allem durch Speiseöl oder Nüsse. Die pflanzlichen Fette enthalten wie Seefisch viele ungesättigte Fettsäuren. Der Körper kann solche ungesättigten Fettsäuren für Aufgaben wie den Aufbau von Zellen oder den Transport von Vitaminen einsetzen. Sie werden deshalb seltener als die gesättigten Fettsäuren in Fettdepots eingelagert.

Vitamine: Es gibt unterschiedliche Vitamine, die vielfältige Aufgaben haben. Kleine Mengen der einzelnen Vitamine genügen, um den Sauerstofftransport im Blut, die Verdauung oder den Zellaufbau anzuregen. Vitamine machen fit und halten den Körper gesund. Vitamin C stärkt zum Beispiel die weißen Blutkörperchen, die als Körperpolizei gegen Krankheiten kämpfen. Eine abwechslungsreiche Ernährung mit verschiedenen Obst- und Gemüsesorten, aber auch mit Nüssen, Vollkornbrot und Milchprodukten versorgt den Körper mit allen wichtigen Vitaminen.

AHA!

Vitamine liefern dem Körper keine Energie und auch keine Wärme. Trotzdem können wir nicht ohne Vitamine leben.

Mineralstoffe: Von dieser Gruppe braucht der Körper geringe Mengen. Aber auch wenn winzige Mengen der Mineralstoffe ausreichen, gilt: Ohne geht es nicht. Mineralstoffe kann der Körper nicht selbst herstellen. Er nimmt sie daher immer wieder mit der Nahrung auf. Am bekanntesten ist sicher der Mineralstoff Kalzium, der Knochen und Zähne hart macht. Natrium benötigen die Nerven und Muskeln.

Eine besondere Untergruppe der Mineralstoffe sind die Spurenelemente wie Jod, Eisen und Fluorid. Jod braucht die Schilddrüse zur Herstellung von Hormonen. Eisen ist wichtig für die Blutbildung und die Versorgung des ganzen Körpers mit Sauerstoff. Fluorid hilft dabei, den Zahnschmelz zu härten. Winzige Spuren dieser „Spuren-Elemente“ sind in der Nahrung enthalten – und genau diese geringen Mengen braucht der Körper. In größeren Mengen hingegen wären die meisten Spurenelemente und viele Mineralstoffe sogar schädlich.

Wie ein stabiles Haus braucht unser Körper eine gute Grundlage: am besten täglich eine gute Basis an ausgewogenen Getränken und Lebensmitteln. Süßigkeiten braucht unser Körper wenig.

Was steckt noch in der Nahrung?

Ein weiterer Bestandteil vieler pflanzlicher Lebensmittel sind die Ballaststoffe. Sie sind keine Nährstoffe, weil der Körper sie nicht aufnehmen und damit „arbeiten“ kann. Die Ballaststoffe sind unverdaulich. Sie sorgen aber dafür, dass wir uns satt fühlen, weil sie im Magen aufquellen.
Ohne Ballaststoffe hätten wir oft Verstopfung und Bauchweh, denn sie regen die Darmtätigkeit an. Sie können sogar Giftstoffe aufsammeln und durch den Darm aus dem Körper hinaus transportieren. Eine ballaststoffreiche Ernährung besteht aus Vollkornprodukten, Gemüse, Obst, Trockenobst und Nüssen.

Wie werden die Nährstoffe aus der Nahrung gelöst?

Die Aufspaltung der Nahrung in Nährstoffe, Ballaststoffe und Reststoffe heißt Verdauung. Verschiedene Verdauungssäfte lösen die Nahrung auf und helfen bei der Verdauung. Neben dem Speichel sind das die Magensäure sowie die Verdauungssäfte aus der Gallenblase und der Bauchspeicheldrüse. Kohlenhydrate werden bereits im Mund verdaut. Sie sind wasserlöslich und deshalb kann der Speichel hier schon gute Arbeit leisten. Für Menschen gilt das Sprichwort: „Gut gekaut ist halb verdaut!“ Die Fette werden dagegen erst am Ende des Verdauungsvorgangs im Darm zerlegt. Dafür sind die Gallensäfte und Enzyme notwendig. Enzyme steuern und beschleunigen Vorgänge wie die Verdauung.

Tobys Tipps

Wölfe reißen aus einem Klumpen Fleisch mit ihren Reißzähnen große Bissen heraus und schlingen diese fast unzerkleinert hinunter. Ihr Speichel enthält keine Stoffe zum Aufspalten der Nahrung. Ihre Zähne sind zum Reißen gemacht, nicht zum feinen Zermahlen der Nahrung. Ihr Magen kann große Klumpen Fleisch mühelos verdauen. Für einen Wolf ist es also in Ordnung, Essen zu verschlingen – Menschen sollten dagegen gut kauen. Eine Idee für einen kleinen Wettbewerb: Zählt beim Essen mit, wie lange ihr einen Bissen kaut. Gewonnen hat, wer jeden Bissen am häufigsten kaut!

Essen ist Genuss

Bei Kindern ab etwa 8 Jahren bestimmen die Freunde, was „cool“ ist. Fastfood oder Schokoriegel können schnell zu einem „Muss“ werden, wenn man zur Gruppe gehören will. Auch die Werbung prägt das Essverhalten. Verbote helfen da wenig. Besser: Schmackhafte Alternativen bieten. Eltern sollten wenigstens eine gemeinsame Mahlzeit am Tag aufrechterhalten. Am Wochenende kann das Kochen als Familienaktion einen festen Platz im Kalender bekommen. Schöne Rituale und fröhliche Erlebnisse rund um das Essen prägen das Ernährungsverhalten ein Leben lang.

Die meisten Menschen verbinden mit Essen sofort das Wort Genuss. Was wir essen, hat also nicht in erster Linie etwas mit dem Auffüllen verbrauchter Energiereserven zu tun. Wir genießen bestimmte Rituale oder Lieblingsgerichte ganz unabhängig vom Nährstoffbedarf des Körpers. Es gibt einige ererbte Vorlieben und instinktive Verhaltensweisen in früher Kindheit. Angeboren ist Babys zum Beispiel die Vorliebe für süße Nahrungsmittel. Mit zunehmendem Alter setzen sich dann immer stärker erlernte Essgewohnheiten, Vorlieben und Trends durch und überdecken unsere Instinkte. So kommt es auch in unserer Gesellschaft nicht selten zu Mangelerkrankungen, obwohl das Angebot an gesunden Nahrungsmitteln groß genug ist.

Der Körper braucht eine ausgewogene Ernährung, um mit allen lebenswichtigen Nährstoffen versorgt zu sein. Gute, ausgewogene Ernährung beeinflusst das körperliche und seelische Wohlbefinden. Dabei ist es nicht einfach zu entscheiden, was eine gute Ernährung ausmacht. Von allen Trends und Theorien über richtige Ernährung abgesehen, ist sicher richtig: Lebensmittel, die saisonal sind, nicht oder möglichst wenig industriell verarbeitet und zu Hause frisch zubereitet werden, tun dem Körper besonders gut und versorgen ihn mit den nötigen Nähr- und Ballaststoffen.

In einer Scheibe Vollkornbrot mit Käse stecken Kohlenhydrate, pflanzliches und tierisches Eiweiß, Fett, Vitamine und Spurenelemente. Eine frisch zubereitete warme Mahlzeit mit Naturreis, Fisch und Gemüse liefert ebenfalls viele wichtige Nährstoffe. Genug Frischkost wie Obst oder rohes Gemüse als Zwischenmahlzeit und ausreichend Flüssigkeit in Form von Tee, Fruchtsaftschorle oder Wasser versorgen den Körper optimal.

Toby hat inzwischen viel nachgedacht und nachgelesen. Gutes Essen ist wichtig für den Körper, das kann auch ein kleines Teufelchen verstehen. Aber Toby fragt sich, ob es dem Körper wirklich auffällt, wenn ein einzelnes Vitamin oder ein winzigkleines Mineralstöffchen fehlt?

Und wenn ein Mineralstoff fehlt?

An dem Mineralstoff Kalzium lässt sich gut zeigen, wie wichtig so ein Mineralstoff ist. Kalzium wird überall gebraucht. Es verleiht den Knochen und Zähnen Festigkeit. Außerdem spielt es eine wichtige Rolle bei der Blutgerinnung, beeinflusst die Muskeltätigkeit, hilft bei der Ausschüttung von Hormonen, hat entzündungshemmende und antiallergische Wirkung. Der Körper gewinnt Kalzium vor allem aus Milchprodukten. Es ist aber auch in Grünkohl, Brokkoli, Fenchel, Lauch und Mandeln vorhanden. Hormone sorgen dafür, dass das aufgenommene Kalzium in den Knochen eingelagert wird.

Der Körper merkt sofort, wenn Nährstoffe fehlen. Für eine Weile kann er sich mit Tricks helfen, denn er hat viele Nährstoffe „gelagert". Zuerst wird also auf die körpereigenen Vorräte zurückgegriffen. Wenn aber lange kein Nachschub kommt, stellen sich Krankheiten oder Störungen ein.

Unser anspruchsvollstes Organ

Besonders viele Nährstoffe verlangt das Gehirn. Ein Fünftel aller Nährstoffe braucht dieses wichtige Organ. Schon ein leichter Mangel an einem Nährstoff wie zum Beispiel dem Vitamin B_1 führt zu Müdigkeit oder einer schlechteren Gedächtnisleistung. Das Gehirn braucht außerdem ganz besonders viele ungesättigte Fettsäuren, die für die Arbeit und den Aufbau der Nervenzellen wichtig sind.

Das Gehirn ist aber nicht nur auf die Nährstoffe angewiesen. Es braucht auch viel Flüssigkeit, um richtig zu arbeiten. Bei einem Mangel an Flüssigkeit trocknet es messbar ein. Nach Erkenntnissen des Transferzentrums für Neurowissenschaften und Lernen nimmt schon nach 16 Stunden ohne Flüssigkeitsaufnahme das Gehirnvolumen um 0,6 % ab.

BIONADE

Traubenzucker als Treibstoff

Alle Zellen des menschlichen Körpers und ganz besonders die Hirnzellen benötigen Traubenzucker als Treibstoff. Nicht nur, um atmen, laufen und lachen zu können, brauchen wir Glukose, sondern auch zum Denken. Diesen Brennstoff kann unser Organismus sogar selbst herstellen, indem er Kohlenhydrate in Traubenzucker umwandelt. Am leichtesten ist es für den Stoffwechsel, wenn wir reine Glukose, also Traubenzucker zu uns nehmen.

Süßes gilt aus diesem Grund auch als Nervennahrung: Der Zucker findet sehr schnell den Weg über den Darm ins Blut und von dort ins Gehirn. Da jedoch zu viel reiner Zucker dem Körper schadet, ist die Menge entscheidend, die der Mensch am Tag über das Essen oder Trinken aufnimmt. Kinder sollten pro Tag nicht mehr als 25 bis 30 Gramm davon zu sich nehmen – das entspricht etwa zwei Esslöffeln. Die WHO empfiehlt Erwachsenen, täglich nicht mehr als 50 bis 60 Gramm Zucker zu verzehren.

Das Getränk BIONADE beispielsweise enthält mit einem Zuckeranteil von nur 4 bis 5 % etwa genauso viel Zucker wie menschliches Blut. Solche Flüssigkeiten kann unser Körper besonders schnell aufnehmen. Ist der Zucker- oder Mineralgehalt dagegen zu hoch, benötigt der Körper Wasser, um die Inhaltsstoffe im Magen zu verdünnen, und wir verspüren Durst. Aus diesem Grund löscht Meerwasser den Durst nicht, weil es zu viel Salz enthält. Auch viele Limonaden machen durstig, denn um den überflüssigen Zucker im Magen zu verdünnen, braucht der Körper noch mehr Flüssigkeit.

Flüssiger Kraftstoff – Energiequelle Wasser

Wasser ist der Hauptbestandteil des menschlichen Körpers. Unser Gehirn besteht zu etwa 90 % aus Wasser, während der Wasseranteil im Rest des Körpers ungefähr 70 % beträgt. Das klingt nicht sehr schmeichelhaft – sollte das menschliche Superorgan Gehirn sich nicht vor allem aus den so genannten „grauen" Zellen zusammensetzen?

Natürlich tut es das auch, aber jede einzelne Gehirnzelle enthält eben wieder einen großen Wasseranteil. Auf alle anderen Zellen im Körper trifft das ebenfalls zu.

Für alle Stoffwechselvorgänge benötigt der menschliche Körper Flüssigkeit. Wasser transportiert Nährstoffe, ist ein Lösungsmittel für Vitamine und enthält zudem Elektrolyte, die für den Stoffwechsel und die Funktion der Körperzellen wichtig sind. Da Wasser der Hauptbestandteil des Blutes ist, kann dieses nur richtig fließen, wenn wir genug trinken. Ausreichend Flüssigkeit trägt also dazu bei, dass Muskeln, Organe und Gehirn mit Sauerstoff und Nährstoffen versorgt werden und leistungsfähig bleiben. Wasser regelt außerdem die Temperatur des Körpers: Beim Schwitzen entzieht der Schweiß dem Organismus durch Verdunstung an der Körperoberfläche Wärme, um so die Körpertemperatur konstant auf ca. 36 bis 37 °C zu halten.

Nachtanken, bitte!

Unser Körper scheidet täglich große Mengen an Flüssigkeit aus: durch die Nieren, den Darm, den Atem und durch den Schweiß. Wenn es draußen sehr heiß ist oder wir sportlich aktiv sind, kommen wir leicht ins Schwitzen, und der Körper verliert Flüssigkeit. Umso wichtiger ist es gerade dann, ausreichend zu trinken. Auch wenn wir krank sind und Fieber haben, sollten wir viel trinken. So unterstützen wir das Immunsystem und erleichtern unserem Körper die Genesung.

Um den körpereigenen Wasserhaushalt im Gleichgewicht zu halten, sollten wir Flüssigkeitsverluste so schnell wie möglich ausgleichen. Eine Zeit lang ist unser Körper in der Lage, einen Flüssigkeitsmangel zu überstehen und ihm durch Reserven entgegenzuwirken. Doch unser Kreislauf, das Gehirn, die Organe und Muskeln reagieren auf einen Flüssigkeitsmangel sehr empfindlich: Ohne Essen kann ein Mensch einige Zeit überleben, ohne zu trinken jedoch nur wenige Tage. Nur wenn wir dafür sorgen, dass unser Körper ausreichend flüssigen „Kraftstoff“ bekommt, können Organe und Muskeln richtig arbeiten, und der Stoffwechsel funktioniert. Trinken sorgt dafür, dass der Körper gut durchblutet wird, der Mensch leistungsfähig bleibt, sich gut konzentrieren kann und das Gedächtnis einwandfrei funktioniert. Außerdem unterstützt eine reichliche Flüssigkeitszufuhr die Verdauung.

BIONADE

Einen Teil unseres Flüssigkeitsbedarfs decken wir über die Nahrung. Zusätzlich ist es jedoch notwendig, dass wir regelmäßig trinken. Kinder sollten pro Tag je nach Alter und Größe zwischen 1,5 und 2 Liter Flüssigkeit aufnehmen, Erwachsene ebenfalls – abhängig vom Gewicht – zwischen 2 und 3 Liter. Als Faustregel gilt: Pro Kilogramm Körpergewicht benötigt ein Mensch 25 bis 30 ml Flüssigkeit pro Tag.

Richtwerte für die Zufuhr von Wasser

	Alter	Wasserzufuhr durch	
		Getränke	feste Nahrung
Kinder	1 bis unter 4 Jahre	820 (ml/Tag)	350 (ml/Tag)
	4 bis unter 7 Jahre	940	480
	7 bis unter 10 Jahre	970	600
	10 bis unter 13 Jahre	1170	710
	13 bis unter 15 Jahre	1330	810
Jugendliche und Erwachsene	15 bis unter 19 Jahre	1530	920
	19 bis unter 25 Jahre	1470	890
	25 bis unter 51 Jahre	1410	860
	51 bis unter 65 Jahre	1230	740
	65 Jahre und älter	1310	680

Quelle: Referenzwerte für die Nährstoffzufuhr, Deutsche Gesellschaft für Ernährung e. V.

Durstlöscher – gesund und lecker

Entscheidend ist natürlich nicht nur, wie viel, sondern auch, was wir trinken. Getränke sollten den Durst löschen, schmecken und dabei möglichst wenig Zucker enthalten. Mineralwasser versorgt den Körper mit Mineralstoffen wie Kalium, Natrium oder Magnesium. Auch ungesüßte Kräuter- und Früchtetees, Gemüsesäfte und Fruchtsaftschorlen liefern dem Körper wichtige Nährstoffe. Idealerweise enthalten Getränke nicht nur wenig Zucker, sondern sind auch auf biologischem Weg hergestellt.

Sind die Flüssigkeitsspeicher in unserem Körper gut gefüllt, fühlen wir uns frisch und lebendig. Und das spiegelt auch unser Aussehen wider: Wenn die Zellen unserer Haut einen hohen Wasseranteil haben, sind sie prall gefüllt, etwa wie ein Luftballon, fehlt ihnen aber Feuchtigkeit, beginnen die elastischen Fasern im Gewebe zu erschlaffen. Die Haut wirkt fahl und wird zunehmend faltig. Die Folgen von Flüssigkeitsmangel für unsere Zellen lassen sich gut am Beispiel einer Pflanze beobachten: Erhält sie genügend Wasser, hat sie kräftige grüne Blätter. Bekommt sie kein Wasser mehr, vertrocknen die Blätter.

Tobys Tipps

Wenn Kinder in ihr Spiel vertieft sind, verspüren sie oft keinen Durst und vergessen das Trinken. Es ist daher wichtig, Kinder von klein auf an regelmäßiges Trinken zu gewöhnen. Wenn das Trinken Spaß macht, fällt es Kindern umso leichter, daran zu denken. Eine eigene Trinkflasche, ein besonders schönes Glas oder ein Strohhalm können zusätzlich motivieren.

Körpersignale richtig deuten

Durst als ein Warnsignal unseres Körpers macht uns darauf aufmerksam, dass unserem Körper Flüssigkeit fehlt. Dann funktioniert der Stoffwechsel bereits langsamer. Wenn sich unser Mund trocken anfühlt oder unser Magen knurrt, sagt unser Körper eindeutig: „Ich habe Durst“ oder „Ich bin hungrig“. Dieser Impuls sorgt dafür, dass wir sofort etwas trinken oder essen möchten und so unsere Energiereserven schnell wieder auffüllen.

Wenn wir uns müde fühlen, schwer konzentrieren können, Kopfschmerzen haben oder besonders infektanfällig sind, dann können das Signale unseres Körpers sein, dass wir mit der Nahrung nicht genügend Nährstoffe zu uns genommen oder dass wir nicht genug getrunken haben. Unsere innere Stimme ist hilfreich: Wer auf seinen Körper hört und seine Reaktionen verstehen lernt, findet heraus, was gut für ihn ist und was nicht.

AHA!

Ein gut gefülltes Kraftstofflager in Verbindung mit dem richtigen Maß an Sport und Bewegung ist die ideale Voraussetzung, um im doppelten Sinne im Gleichgewicht zu bleiben.

Doch nicht nur unsere Ernährung ist wichtig. Auch Bewegung und frische Luft tragen zu unserem Wohlbefinden bei. Sport ist nicht nur wichtig für die Entwicklung von Kindern, sondern auch für die Gesundheit von Erwachsenen. BIONADE fördert daher die Deutsche Schulsportstiftung und das Deutsche Sportabzeichen. Wer ausreichend Nährstoffe zu sich nimmt und genug trinkt, sorgt dafür, dass sein Körper optimal mit Energie versorgt wird, dass alle Stoffwechselvorgänge gut funktionieren und dass der Körper leistungsfähig bleibt.

Bewegung? Ja bitte!

Tatsächlich liefern gute Lebensmittel die Grundlage für einen gesunden Körper. Aber mit guter Ernährung allein ist der Körper nicht dauerhaft gesund zu halten. Menschen sind für ein Leben in Bewegung geschaffen. Für Kinder ist Bewegung von Anfang an wichtig, damit sie ein Gefühl für ihren Körper entwickeln. Nur durch immer neue Bewegungserfahrungen kann ein Kind krabbeln, laufen oder schwimmen lernen. Beim aktiven Spielen und Toben erleben Kinder ihren Körper, seine Fähigkeiten und seine Grenzen.

Daraus entwickelt sich ihr Selbstbewusstsein. Das bin ich, das kann ich schon! Für Kinder ist das Selbstwertgefühl also eng mit ihren körperlichen Fähigkeiten verknüpft: „Ich kann höher klettern als Tina, ich kann schon einen Purzelbaum, ich renne schneller als die anderen in der Klasse!"

Im Körper hängt alles zusammen

Bewegung ist ein gutes Beispiel dafür, wie stark alle Funktionen unseres Körpers miteinander verbunden sind. Heute ist bekannt, dass ein sinnvolles Maß an Bewegung zur Aufrechterhaltung der Körperfunktionen genauso wichtig ist wie eine ausgewogene Ernährung. Denn durch Bewegung werden bestimmte Hormone ausgeschüttet, die wiederum wichtige körperliche Prozesse wie die Verdauung oder den Knochenstoffwechsel in Gang setzen oder das Gedächtnis aufnahmebereit machen.

Beim Sport werden ähnlich wie beim Verzehr von Schokolade solche Endorphine ausgeschüttet. Stresshormone wie Adrenalin oder Cortisol werden dagegen durch Bewegung abgebaut.

Hormone spielen außerdem eine Rolle für unser Wohlbefinden und unsere Gefühle. Es gibt zum Beispiel das bekannte Stresshormon Adrenalin, das sofort die Herz-Kreislauf-Funktionen steigert und Energiereserven mobilisiert. Endorphine wirken gegen Schmerzen wie natürliche Opiate und gelten zudem als „Glückshormone", die zum Wohlfühlen und der seelischen Gesundheit beitragen.

Die Hormone sollten sich in einem ausgeklügelten Verhältnis befinden, damit wir gesund und zufrieden sind. Bewegung ist ein Baustein zur Aufrechterhaltung dieses komplizierten Systems. Beim Bewegen im Freien bekommt der Körper darüber hinaus eine regelrechte Sauerstoffdusche. Sauerstoff wiederum ist der wichtigste Bestandteil bei der Umwandlung der Nährstoffe. Das heißt, dass der Körper nur mit Sauerstoff Energie frei setzen und alle seine Funktionen wie das Herz-Kreislauf-System und den Stoffwechsel aufrechterhalten kann. Das anspruchsvollste Organ ist dabei wieder das Gehirn. Da es alle Abläufe im Körper steuert und koordiniert, braucht es auch besonders viel Sauerstoff.

Bewegung ist gut fürs Gehirn

Auch eine gute Körperbeherrschung hat Auswirkungen auf die Gehirnentwicklung. Dieser Zusammenhang lässt sich am deutlichsten bei Kindern im ersten Lebensjahr beobachten. Anfangs können Babys nicht gezielt nach einem Spielzeug greifen. Es dauert lange und erfordert viel Übung, bis Auge und Hand koordiniert zusammenarbeiten und die zunächst unkontrollierten Bewegungen der Arme zielsicher auf einen fixierten Gegenstand hin ausgerichtet sind. Alle diese Prozesse steuert das Gehirn, das wiederum durch Übung und immer häufiger werdende Erfolge beim gezielten Greifen lernt.

Diese enge Verbindung von motorischen Fähigkeiten und intellektueller Entwicklung bleibt ein Leben lang bestehen. Moderne Bild gebende Verfahren ermöglichen es seit einigen Jahren, dem Gehirn beim Arbeiten zuzuschauen. Erst seit Ende der 90er Jahre des letzten Jahrhunderts ist bekannt, dass sich zeitlebens im Gehirn nicht nur neue Verknüpfungen zwischen Nervenzellen (so genannte Synapsen), sondern sogar die Nervenzellen (Neuronen) selbst immer wieder neu bilden. Die Bildung wird angeregt durch Lernen und, wie man inzwischen weiß, auch durch Bewegung. Zwar funktioniert die Neurogenese, die Bildung von Neuronen, bei älteren Menschen langsamer als bei Kindern, aber das Gehirn bleibt ein Leben lang formbar.

Bewegung macht schlau!

Schließlich stärkt Bewegung sogar die Abwehrkräfte. In unserem Blut lässt sich nachweisen, dass nach sportlicher Betätigung innerhalb kürzester Zeit mehr Abwehrzellen vorhanden sind als ohne sportliche Aktivität. Nach einer Überbelastung oder beim Leistungssport kehrt sich dieser positive Effekt allerdings um. Daher gilt: Angemessene sportliche Betätigung, die zudem Spaß macht, und regelmäßige Bewegung im Alltag unterstützen das Immunsystem.

Gemeinsame Hobbys für die ganze Familie wie Wandern, Rad fahren, Schwimmen oder Ballspiele vermitteln den Kindern Freude an der Bewegung. Das wirkt ein Leben lang nach.

Bewegung in den Alltag bringen

Wenn Kinder stundenlang vor dem Bildschirm sitzen, fehlt ihnen diese Zeit für Bewegung. Außerdem laufen heute viel weniger Kinder zur Schule als früher. Wann immer es möglich ist, sollten wir Wege zu Fuß oder mit dem Fahrrad erledigen.

Inzwischen ist erwiesen, dass Kinder, die sich stundenlang mit elektronischen Spielgeräten und dem Fernseher beschäftigen, schlechtere Leistungen in der Schule erbringen, unzufriedener und weniger fit sind als Kinder, die sich viel bewegen, spielen, toben und wenig fernsehen. Besonders der Ulmer Hirnforscher Prof. Manfred Spitzer ist für eine strikte Beschränkung des Bildschirm- und TV-Konsums, da ein Zuviel die gesunde Entwicklung des Gehirns behindert. Das wird verständlich, wenn man sich den Prozess des Lernens verdeutlicht: Über die Synapsen der Nervenzellen im Gehirn laufen ständig Impulse. Wenn solche Impulse immer wieder ähnlich ablaufen, entstehen Spuren im Gehirn. Je öfter diese Spuren benutzt werden, desto mehr verfestigen sie sich. Manfred Spitzer vergleicht diesen Prozess mit Trampelpfaden, die im Tiefschnee auf viel genutzten Wegen entstehen. Und im Gehirn prägt sich besonders gut ein, was über mehrere Sinne hineingelangt. Je mehr Erfahrungen ein kleines Kind durch Sehen, Hören, Riechen, Schmecken, Tasten selbst macht, desto mehr und desto deutlichere Spuren bilden sich in seinem Gehirn.

Zuviel oder dauerhafter Stress ist schlecht und gesundheitsschädlich. Selbst Kinder sind oft schon Situationen ausgesetzt, die sie als stressig empfinden.

Stress, lass nach!

Stress ist gut und lebenswichtig! Stress ermöglicht dem Körper, schnell zu reagieren, wenn vielfältige Anforderungen zu erfüllen sind oder Gefahr droht. Dabei werden Stresshormone ausgeschüttet und der Blutzuckerspiegel steigt. Der Körper ist besonders aufmerksam und in erhöhter Alarmbereitschaft. Damit ist er fähig zu besonders guten Leistungen oder bereit zur Flucht.

Wir haben heute mit anderen Stress auslösenden Situationen zu tun als unsere Vorfahren in der Steinzeit. Aber nach wie vor gelingt der Abbau von Stress am besten mit Bewegung an der frischen Luft, zum Beispiel bei Fahrradtouren, ausgedehnten Spaziergängen oder Sport in der Gemeinschaft. Gleichzeitig werden bei solchen Aktivitäten Glückshormone ausgeschüttet und die Stresshormone wieder reduziert. Nach einem Spaziergang oder einer Fahrradtour relativieren sich negative Gedanken und schlechte Laune. Bewegung ist also ein idealer Ausgleich in stressigen Situationen, für Kinder ebenso wie für Erwachsene.

Lach dich gesund!

Ein eigener Wissenschaftszweig, die Gelotologie, beschäftigt sich seit Jahrzehnten mit der Erforschung des Lachens. Bei einem Versuch an der Loma Linda University in Kalifornien wurde zum Beispiel nachgewiesen, dass Lachen die Immunabwehr stärkt. Nach dem herzhaften Lachen über einen lustigen Film ergaben Blutproben bei Versuchspersonen eine Zunahme der Aktivität der natürlichen Killerzellen und des Immunoglobulins, eines Eiweißstoffs zur Abwehr fremder Substanzen, sowie der Leukozyten, der „Körperpolizei“. Die Zunahme der Immunabwehr hielt bis zu zwölf Stunden lang an.

Beim Lachen atmen wir mehr, dadurch kommt auch mehr Sauerstoff in unser Blut. Außerdem weiten sich beim Lachen die Gefäße. Durch regelmäßiges Lachen bleiben die Gefäßwände elastisch. Beim Lachen werden zunächst alle Muskeln angespannt, um sich dann anhaltend zu entspannen.

In anderen Versuchen konnte nachgewiesen werden, dass Lachen auch eine Auswirkung auf unser Schmerzempfinden hat. Dies geht auf die Ausschüttung von Hormonen, den Endorphinen, zurück. Sie werden auch Glückshormone genannt. Nach herzhaftem Lachen tolerierten Versuchspersonen zum Beispiel Kälteempfindungen länger als eine Vergleichsgruppe.

Toby ist beeindruckt. Er probiert das Lachen aus. Zuerst gelingt es ihm nicht. Lachen ist schwierig, denkt er. Er beobachtet Kinder beim Spielen. Sie lachen, wenn ein Turm umfällt, sie lachen, wenn der andere sich verspricht. Manche lachen sogar, wenn sie selbst hinfallen – andere lassen sich extra hinfallen, nur um zu lachen. So viel Lachen steckt an – zuletzt auch ein kleines Teufelchen. Toby schüttet sich aus vor Lachen – und fühlt sich hinterher angenehm leicht und wohl. Er hat „gute Laune“ getankt – auch ein Kraftstoff, denkt er fröhlich.

Kapitel 9
Körpersprache und ihre Signale

Leider, leider, Flunker-Fine!

Fine kommt erschöpft von der Schule nach Hause. Sie hat heute eine anstrengende Klassenarbeit in Mathe geschrieben, im Kunstunterricht sollte sie einen Papierturm basteln und auch beim Sport hat Fine ihr Bestes gegeben. Nun möchte sie gar nichts mehr für die Schule tun. Wenn da nur nicht die Hausaufgaben wären ...

Nachher wird sich Fine mit ihrer Mutter treffen. Verabredet ist ein gemeinsamer Kinobesuch. Und verabredet ist auch, dass die Hausaufgaben bis dahin erledigt sind. Aufs Kino hat sie große Lust, aber ihre Schulhefte starrt Fine lustlos an. Kurzerhand schmiedet sie einen Plan: „Ich werde meiner Mutter sagen, ich hätte meine Hefte in der Schule liegen gelassen. Tja, und wenn man seine Sachen vergessen hat, dann kann man beim besten Willen auch keine Hausaufgaben machen." Fine versteckt die Hefte unterm Schrank und macht sich fröhlich auf den Weg zur Bushaltestelle.

Als sich Fines Mutter nach einem herzlichen Hallo nach den Hausaufgaben erkundigt, berichtet Fine betrübt von den vergessenen Schulheften. „Tja", sagt Fine am Ende ihrer Flunkergeschichte. „Und deswegen kann ich heute leider, leider die Hausaufgaben nicht machen." Aber komischerweise fühlt sich Fine bei ihrer Schwindelei nun gar nicht mehr fröhlich. Und komischerweise schüttelt ihre Mutter auch sofort den Kopf und sagt mit strenger Stimme: „Josefine! Du flunkerst! Ich glaube dir kein Wort! Was ist wirklich los, Flunker-Fine?"

Fine senkt beschämt den Kopf. Das hätte sie sich ja denken können! Ihre Mutter ist nämlich so gut wie nie zu täuschen. „Mama, ich war einfach viel zu müde für die Schulaufgaben. Aber wieso merkst du denn immer gleich, wenn ich mal nicht die Wahrheit sage?" „Tja", meint Fines Mutter und tut dabei sehr geheimnisvoll. „Leider, leider kenne ich dich eben viel zu gut und merke, wenn du ein Flunker-Finchen bist. Aber lieb hab ich dich trotzdem! Und nach dem Kino werden die Hausaufgaben erledigt!" Tja, da wird Fine – leider, leider, wohl nichts anderes übrig bleiben ...

Zuhause bei Toby

Zurück in seiner Höhle grübelt Toby, woran die Mutter erkannt hat, dass Fine es mit der Wahrheit nicht so genau nahm. Ihre Worte klangen doch überzeugend, findet Toby.

Augen lügen nicht, rufen ihm die Feuergeister zu.

Das Teufelchen wundert sich: Augen, die sprechen? Davon hat es noch nie gehört. Toby nimmt sich vor, die Ohren in der Gegenwart von Menschenkindern künftig noch mehr zu spitzen, damit ihm nichts entgeht.

Der Körper spricht viele Sprachen

Mit Sprache teilen wir unsere Gedanken, Wünsche und Gefühle mit. Aber nicht nur der Mund, unser gesamter Körper „spricht“: zu anderen Menschen und mit uns selbst. Er reagiert mit sichtbaren, hörbaren und fühlbaren Zeichen auf äußere und innere Reize – auch darauf, wie wir mit ihm umgehen. Die Körpersprache hat noch mehr Ausdrucksformen als die hörbare Sprache. Mit Worten sagen wir nur das, was wir sagen wollen. Wir äußern uns bewusst. Manchmal schweigen wir lieber. Unser Körper dagegen spricht pausenlos – auch ohne, dass wir es wollen. Er verrät durch seine Haltung, den Ausdruck unseres Gesichts oder die Art und Weise, wie wir uns bewegen, viel von unseren Empfindungen.

Besonders feine Antennen für die Sprache des Körpers haben Kinder, da ihre Welt zunächst mehr durch Gefühle als durch den Verstand geprägt ist. Wenn die Mutter sagt: „Ich hab dich lieb“, ist ihnen das meist nicht genug. Sie möchten dazu noch ein bestätigendes Lächeln sehen und eine liebevolle Geste spüren, wie zum Beispiel eine Umarmung. Ein strenger Blick dagegen genügt, um die Kleinen fragen zu lassen: „Bist du böse auf mich?“

Schon Säuglinge nutzen die Körpersprache, um auf ihre Bedürfnisse aufmerksam zu machen. Sie schreien, weil sie Hunger haben; weinen, weil sie ängstlich sind oder mehr Zuwendung wollen; sie lachen, wenn sie zufrieden sind. Die Reaktionen der Bezugspersonen bestimmen mit, wie die Körpersignale von uns bewertet und eingesetzt werden. Dafür zuständig ist das sogenannte limbische System, das emotionale Gedächtnis des Gehirns.

Gefühl und Verstand

Fühlen und Denken wachsen bei Kindern erst allmählich zusammen. Denn der Teil des Gehirns, der dafür sorgt, dass Kinder ihre Gefühle bewusst einschätzen und kontrollieren können – das Frontalhirn – entwickelt sich im Gehirn zuletzt. Persönliche Erfahrungen spielen dabei nach Erkenntnissen der Hirnforschung eine wichtige Rolle. Kinder lernen durch Vorbilder und Erziehung, also durch den prägenden Kontakt mit Eltern, Lehrern und Freunden, mit ihren Gefühlen umzugehen. Erst nach der Pubertät ist das auf planbares Handeln und zielgerichtete Entscheidungen ausgerichtete Frontalhirn weitestgehend ausgereift.

Jüngere Kinder reagieren deshalb spontan und direkter als Erwachsene. Möchten sie bei einem Spiel nicht mitmachen, gehen sie weg. Schmeckt ihnen das Essen nicht, schieben sie den Teller beiseite. Kommen die Kinder in die Schule, können sie ihr Verhalten und damit auch ihre Körpersprache schon eher Regeln oder Erwartungen anpassen.

Nach der Pubertät und als Erwachsene äußern oder verbergen wir Gefühle oft, wägen dabei Vor- und Nachteile ab, halten uns mit Kritik zurück. Unser Körper spricht jedoch trotzdem. Ist dem Beifahrer beispielsweise der Fahrstil der Person am Steuer zu riskant, dann drückt sich sein Empfinden ungewollt so aus: Er „bremst" auf der Fußmatte mit.

Die unbewusste Körpersprache wird über das so genannte vegetative Nervensystem gelenkt. Wir können es mit unserem Willen nicht beeinflussen. Kontrolliert vom Hypothalamus, einem Teil des Zwischenhirns, regelt das vegetative Nervensystem lebenswichtige Funktionen automatisch: zum Beispiel Atmung, Herzschlag, Körpertemperatur. Es ist auch dafür verantwortlich, dass wir eine Gänsehaut bekommen, wenn wir etwas gruselig finden, oder rot werden, weil uns etwas peinlich ist.

Heißt Nicken immer Ja?

Erlernte Körpersprache, die Kinder nutzen, ist oft früh bei den Eltern abgeschaut: Wenn beispielsweise Fine ihrem Vater zuwinkt, um ihn schon von weitem zu grüßen, oder wenn Moritz den Finger auf den Mund legt, weil es ihm zu laut ist. Dabei gibt es kulturelle Unterschiede. Nicken wir auf die Frage, ob wir noch einen Nachschlag von der Suppe möchten, mit dem Kopf, gilt das als klares Ja. Nicht so bei Silas aus Griechenland. Er wäre erstaunt, wenn wir ihm einen weiteren Teller reichten. In seinem Land steht das Kopfnicken für Ablehnung, ein leichtes Kopfschütteln hingegen für Zustimmung.

Erlernt oder angeboren: Die Signale, die der Körper sendet, sind für uns und andere häufig nicht eindeutig. Bauchschmerzen zum Beispiel bekommen wir nicht nur, weil wir zu viel oder etwas Falsches gegessen haben. Wenn wir Sorgen haben, kann es sein, dass wir über Bauch- oder Kopfschmerzen klagen. Sprachlich bringen wir den Bauch bis ins Erwachsenenalter mit unseren Gefühlen in Verbindung. Zum Beispiel, wenn wir sagen: „Du solltest mal wieder auf deinen Bauch hören!"

Es lohnt sich, frühzeitig auf die Zeichen des Körpers zu achten: Denn der Körper zeigt, was ihm gut tut. Je früher Kinder lernen, auf den eigenen Körper zu hören, desto bewusster gehen sie mit ihm um.

Verräterische Signale

Es gibt neben der unbewussten auch die bewusste Körpersprache. Ein Lächeln oder ein ernster Blick können bewusst eingesetzt werden, um beispielsweise das Gesagte zu verstärken.

Unser Körper teilt sich durch Zeichen mit. Mimik und Gestik verraten oft mehr über das eigene Befinden und die Einstellung zu Gesprächspartnern als Worte. Die nicht bewusst eingesetzte Körpersprache ist spontan und ehrlich. Sie kann uns entlarven, wenn sie nicht mit unseren Worten übereinstimmt. Untersuchungen haben ergeben, dass wir am Tag bis zu 200 Mal lügen oder flunkern.

Genau zu wissen, ob der andere die Wahrheit sagt, ist jedoch nicht leicht, wissen Lügenforscher, so genannte Mentiologen. Denn wer sich gut mit der Körpersprache auskennt, kann sie auch zur Täuschung nutzen. Unbefangene Kinder senken aus Schamgefühl den Blick, wenn sie sich ihrer Lüge und Schuld bewusst sind. Wer jedoch um die Wirkung dieses Körpersignals weiß, schaut uns beim Lügen vielleicht gerade deshalb in die Augen.

Toby fällt auf: Einige Menschen können überzeugender lügen als andere. Warum ist das so?

Das kann daran liegen, dass sie selbst davon überzeugt sind, die Wahrheit zu sagen. Dann bleibt die emotionale Körpersprache mit den vom Verstand gelenkten Worten im Einklang.

Kinder dagegen vermischen bis zu einem Alter von etwa fünf Jahren noch leicht Realität und Fantasie. Wenn ein Vierjähriger mit Worten, Blicken, Händen und Füßen versichert: „Im Garten steht ein riesengroßer Wolf", glaubt er, dass das wirklich so ist. Selbst wenn Oma sagt, dass es sich bei dem Wolf nur um einen großen Hund handelt.

Auch die Körperhaltung sagt viel aus. Wenn wir unserem Gesprächspartner Offenheit signalisieren möchten, sollten wir uns ihm zuwenden, aber nicht mit verschränkten Armen. Denn diese Geste sagt: Trotz meines freundlichen Gesichtsausdrucks wahre ich Distanz.

Menschen, die in der Lage sind, ihre Gefühle über den Verstand zu unterdrücken, führen uns leichter hinters Licht. Aber vielleicht kratzen sie sich dabei ja an der Nase. Untersuchungen eines amerikanischen Neurologen zufolge schwillt beim Lügen sensibles Gewebe in der Nase an. Und das juckt. Es gibt allerdings auch Leute, die sich nur an die Nase fassen, weil sie verlegen sind oder ihnen gerade etwas nicht gefällt. Rückschlüsse aus einem einzigen Körpersignal zu ziehen, kann in die Irre führen.

Peinlich, peinlich ...

Wir alle haben es schon erlebt: Unsere Haut verrät Gefühle, die wir vor anderen vielleicht lieber verstecken möchten. Das ist bei Erwachsenen ebenso wie bei Kindern. Unsere Haut errötet, wenn uns vor großem Publikum ein peinlicher Versprecher unterlaufen ist. Blass vor Schreck wird sie, wenn der Spickzettel vor den Augen des Mathelehrers auf den Fußboden segelt. Schuld ist der so genannte Sympathikus-Nerv, der den Körper bei Stress in Alarmbereitschaft versetzt und – abhängig vom Stress-Typ – für eine Erweiterung (Röte) oder Verengung der Blutgefäße (Blässe) sorgt.

Was passiert beim Lachen?

Beim Lachen geraten alle Täuschungsmanöver an ihre Grenzen. Ein genauer Blick auf die Augenpartie verrät es: Nur beim echten Lachen, an dem 17 Gesichtsmuskeln beteiligt sind, „freuen“ sich die Augen mit. Der Ringmuskel, der sie umschließt, zieht sich zusammen, spannt die darüber liegende Haut und sorgt für viele kleine Lachfältchen. Das aufgesetzte Lachen oder Grinsen wirkt starrer. Dabei ziehen sich lediglich die Mundwinkel auffällig nach oben.
Lachen ist auch eine Art Sport, anstrengend und zugleich entspannend: Fast 100 Muskeln setzen den Körper – vom Gesicht bis zum Bauch – in Bewegung. So stark, dass wir manchmal mit einem Schmunzeln sagen: Ich halte mir den Bauch vor Lachen. Es lohnt sich sogar zu lächeln, wenn uns gar nicht danach ist. Das hebt – so die Erfahrung von Körpersprache-Experten – die Stimmung: bei anderen und bei uns selbst. Die Beziehung von Körpersprache und Stimmung ist also wechselseitig.

Tobys Tipps

Spiel mit deinen Freunden ein Pantomime-Spiel, bei dem ihr versucht, Gefühle wie Glück, Liebe, Traurigkeit oder Wut nur durch Mimik und Gestik zu erraten. Achtet darauf, was eure Entscheidung am stärksten beeinflusst hat. Wer die meisten Gefühlsmerkmale erkennt, hat den „Experten-Test“ gewonnen.

Ansteckende Gefühle

Hirnforscher glauben, eine Erklärung dafür gefunden zu haben, weshalb das Lachen, das Weinen und zum Beispiel auch das Gähnen ansteckend sind. Verantwortlich dafür sind so genannte Spiegelneuronen in unserem Gehirn. Das sind Nervenzellen, die uns das, was andere gerade erleben, so empfinden lassen, als würde es uns selbst geschehen. Wie beim Vater, der jubelt, als hätte er gerade selbst das Tor geschossen, mit dem seine Tochter ihr Fußballteam in Führung brachte. Oder der Mutter, die sich mit einem „Autsch“ das Knie hält, als ihr Sohn vom Fahrrad stürzt. Und vielleicht haben Sie auch das schon mal erlebt? Ein Fremder begegnet uns auf der Straße und lässt uns lächeln, nur weil sein Gesichtsausdruck signalisiert: Ich fühle mich wohl.

Gemeinsames Lachen und manchmal auch Weinen fördert die emotionale Entwicklung des Kindes – und verbindet. Lassen Sie Gefühle zu und nehmen Sie sich dafür Zeit.

Die Spiegelneuronen haben nach den Erkenntnissen der Forscher maßgeblichen Anteil an unserer Fähigkeit zu Intuition und Mitgefühl. Unser Gehirn ist von Geburt an damit ausgestattet. Damit sie ihre Fähigkeiten entfalten können und nicht untergehen, sollten wir sie – wie alle anderen Nervenzellen – auch nutzen.

Schau mir in die Augen ...

Augen strahlen nicht nur Vergnügen, Freude und Glück aus. Sie sind der Spiegel unserer Seele. Medizinisch weiß man, dass sich bei Angst oder Schrecken die Pupillen weiten. Das vegetative Nervensystem sorgt in diesem Fall für mehr Lichteinfall auf die Netzhaut, um verstärkt Informationen über eine mögliche Bedrohung sammeln zu können.

Warum die Seele, also unsere Gefühle, in unseren Augen zu sehen ist, kann niemand genau erklären. Es ist ein Phänomen des Körpers. Eines wissen wir aber: Einem Menschen mit strahlendem Blick in die Augen zu schauen, tut gut und sagt mehr als 1.000 Worte.

Warum gibt es Tränen?

Wenn wir weinen, fließen Tränen. Sie sind nicht nur ein Ausdrucksmittel für starke Gefühlsbewegungen oder ein Signal, das um Mitgefühl wirbt. In erster Linie reinigen und schützen sie den empfindlichen Augapfel mit einem durchsichtigen Film vor Krankheitserregern. Mit jedem Blinzeln sorgen die am oberen Rand der Augenhöhlen sitzenden Tränendrüsen für Nachschub, bis zu rund 20 Mal in der Minute. Gelangen Reizstoffe wie Sandkörner oder Zwiebeldämpfe ins Auge, kurbelt der Körper die Tränenproduktion kräftig an. Dann ist die Flüssigkeit, die das Auge überlaufen lässt, wässriger als sonst. Schließlich soll das Sinnesorgan richtig gespült werden.

Beim reflexartigen „Weinen“ schützt sich das Auge durch die Tränenflüssigkeit also vor Fremdkörpern. Sie ist bei dieser Art des Weinens anders zusammengesetzt als beim emotionalen Weinen. Bei überschießenden Gefühlen enthält sie neben Wasser, Salzen, Fett und antibakteriell wirkenden Enzymen auch schmerzlindernde Substanzen und das Hormon Prolaktin.

Dieser Botenstoff liefert eine mögliche biologische Erklärung dafür, warum Mädchen von der Pubertät an häufiger weinen als Jungen. Sie entwickeln einen um 60 % höheren Prolaktinspiegel als ihre männlichen Altersgenossen. Bekannt ist das Hormon vor allem, weil es die Milchproduktion bei Frauen während der gefühlvollen Stillzeit anregt. Prolaktin bewirkt auch den Abbau von Stress.

Kinder drücken ihre Gefühle gerne über Smileys aus. Sie lassen gut das Zusammenspiel zwischen Augen- und Mundpartie in der Körpersprache erkennen. Das gemeinsame Zeichnen von Smileys schafft Gesprächsanlässe, wenn das Reden über Gefühle mal schwerfällt.

Der Adressat bin ich

Die Sinnesorgane leiten äußere Reize an das Gehirn, um dort eine Reaktion auszulösen. Auch die inneren Organe kommunizieren ständig mit dem Gehirn. Durch Körpersignale, die an uns selbst gerichtet sind, liefert es wichtige Informationen über das Befinden und die Bedürfnisse unseres Körpers.

Wenn der Magen vor Hunger knurrt, macht er mit diesem Signal beispielsweise darauf aufmerksam, dass der Organismus Nährstoffe braucht, damit er seine vielfältigen Aufgaben weiter kraftvoll bewältigen kann. Manchmal dauert es auch seine Zeit, bis unser Körper richtig reagiert. Wenn wir essen, brauchen die verschiedenen Kontrollstationen im Verdauungstrakt bis zu 20 Minuten, um die Botschaft ans Gehirn weiterzuleiten: „Ich bin satt." Was nichts anderes heißt als: „Ich habe jetzt genügend Nährstoffe aufgenommen." Wer sehr schnell isst, hat seinen Organismus da bereits überfüttert.

Es fällt nicht immer leicht zu erkennen, ob dem Körper etwas fehlt. Das Alarmzeichen Durst wird oft überhört, weil wir es nicht richtig deuten. Manchmal ist der Mund ganz trocken, ein anderes Mal sind wir lustlos und müde, weil der Organismus durch den Flüssigkeitsmangel nicht mehr wie „geschmiert" läuft. Auch Kopfschmerzen können ein Zeichen dafür sein, dass wir zu wenig getrunken haben.

Hier wird es auch mal laut

Kinder gebrauchen manchmal Wörter, die Erwachsenen nicht gefallen. Auch die Sprache unseres Körpers beinhaltet einen „Wortschatz“, der auffallend, laut und uns in Gegenwart anderer gelegentlich richtig unangenehm ist. Dazu zählen Schluckauf, heftiges Aufstoßen, Pupsen oder Schnarchen. Aber alles, was der Körper uns oder anderen mitteilt, ist von Bedeutung. Gelegentlich können wir ihn dabei unterstützen, es etwas unauffälliger zu tun.

Schluckauf: Er gehört zum Atemtraining für Babys und sorgt bereits im Mutterleib durch das krampfartige Zusammenziehen des Zwerchfells und den Verschluss der Stimmritze dafür, dass keine Flüssigkeit in die Lunge des Babys gelangt. Später wird dieses „Ventil“ zwar überflüssig, aber das Zwerchfell reagiert weiterhin auf Reize wie eine schnell hinuntergeschlungene Mahlzeit, eiskalte Getränke oder Stress. Diese Reize lösen ein krampfartiges Zusammenziehen des Zwerchfells und einen Verschluss der Stimmritze aus. Dabei wird die Luft in der Lunge zusammengepresst und durch den Druck der Luft nach oben entsteht das Schluckauf-Geräusch. Am besten ist es, Reizungen zu vermeiden. Hat uns der Schluckauf trotzdem erwischt, kann Ablenkung helfen, ihn schnell wieder loszuwerden. Manche Menschen versuchen es, indem sie die Zunge herausstrecken, andere trinken mit zugehaltener Nase Sprudelwasser oder singen laut ein Lied. Beruhigt sich das Zwerchfell wieder, verschwindet ein harmloser Schluckauf von selbst. Meist dauert er nur wenige Minuten, manchmal auch einige Stunden.

Könnte die Luft durch Aufstoßen nicht entweichen, würde der Magen zunehmend aufgebläht und überbläht. In letzter Konsequenz wäre irgendwann kein Platz mehr für Nahrungsmittel.

Rülpsen: Jeder Mensch hat zu jeder Zeit Luft im Magen. Bei jedem Essen und Trinken kommt automatisch etwas Luft in den Magen, je hastiger wir essen, desto mehr. Kohlensäurehaltige Getränke vervielfachen die Luftmenge. Der Magen dehnt sich durch die Luftmenge aus. Wird ein bestimmtes Maß überschritten, signalisieren Rezeptoren in der Magenwand ein „komisches Gefühl“. Walkbewegungen sorgen nun dafür, dass die Luft Richtung Speiseröhre ausgepresst wird, von dort geht sie direkt nach oben und erzeugt dort das bekannte Rülpsgeräusch, das wie beim Schnarchen durch Vibrationen im Bereich Rachenwände und Gaumensegel entsteht. Aber es muss nicht immer laut sein: Jeder Mensch hat zig-mal am Tag ein leichtes Aufstoßen, bei dem geringe Mengen Luft aus dem Magen entweichen, ohne dass die Umgebung etwas davon mitbekommt.

Pupsen: Wenn wir die Luft, die mit der Nahrung in den Magen gelangt, nicht durch Aufstoßen nach oben ablassen können, tritt sie den Weg nach unten in den Darm an und entweicht durch den Darmausgang. Die geräuschvollen Darmwinde bestehen aus Gasen, die für den oft unangenehmen Geruch verantwortlich sind. Diese entstehen, wenn schwer Verdauliches im Dickdarm von den dort angesiedelten Bakterien zersetzt wird. Die Darmwinde lassen sich – ebenso wie das Aufstoßen – nicht völlig verhindern. Aber wir können sie zum Beispiel durch leicht verdauliche Nahrung und gründliches Kauen reduzieren.

Schnarchen: Auch Kinder schnarchen von Zeit zu Zeit. Zum Beispiel, wenn sie verschnupft sind und wegen der verstopften Nase durch den geöffneten Mund atmen. Das bringt das Gaumensegel, das beim Schlafen erschlafft, ins Schwingen und sorgt für das laute Schnarchgeräusch. Schnarcht ein Kind regelmäßig, können auch Polypen bzw. vergrößerte Mandeln die Ursache sein.

Tobys Quiz

Es gibt nicht nur eine Körpersprache, sondern auch Sprüche und lustige Ausdrücke rund um den Körper, die uns einiges über ihn verraten. Toby hat sich einige Fragen dazu ausgedacht. Die Lösung steht – jetzt noch nicht hinschauen! – unten rechts.

1. Was sind „Hühneraugen“?
   a) eine kleine, runde Augenform
   b) eine Hornhautverdickung an den Zehen, die oft durch zu enge Schuhe verursacht wird
2. Sagen wir „Ruhig Blut!“, meinen wir:
   a) Bleib gelassen.
   b) Schau, da kommt jemand mit unterkühltem Temperament.
3. Wenn uns vor Aufregung oder wegen eisiger Temperaturen richtig kalt wird, bekommen wir eine Gänsehaut. Sie heißt so, weil
   a) die Haut dann grau wird wie die Federn von Graugänsen
   b) kleine Muskeln die Haare auf der Haut bei Furcht oder Kälte aufrichten. Sie sieht dann aus wie die Haut einer gerupften Gans.

Auflösung: 1b, 2a, 3b

Kapitel 10
Körperwahrnehmung

Ein Muskelkater mit Miau

Bei schönem Wetter sind Lea, Zoe und Fine oft im Stadtpark unterwegs. Auch heute haben sie sich wieder an der alten Holzbank unter der knorrigen Eiche verabredet. Lea und Zoe haben ihre Inliner an den Füßen, und Fine hat wie so oft einen Zeichenblock und Stifte dabei.

Lea ist im Inliner-Fahren schon lange ein richtiger Profi, und Zoe hat sich gestern zum ersten Mal beim Inline-Hockey mächtig ins Zeug gelegt. Mit Erfolg! Wenn da jetzt nur nicht dieser ziehende Muskelkater in den Beinen wäre ... Fine hört den Freundinnen aufmerksam zu, die von ihrer Leidenschaft fürs Inlinern, aber auch vom leidigen Muskelkater reden. Dabei nagt sie nachdenklich an ihrem Stift. Sie hat das Inlinern zwar schon ausprobiert, aber schnell gemerkt: Das Inlinern zählt nicht zu ihren Stärken.

Trotzdem halten die drei Mädchen zusammen und sind ein echt starkes Team. Auch wenn Fine manchmal ein wenig neidisch auf die sportlichen Freundinnen ist. Und die wiederum bewundern Fines Talent im Malen. Darin liegt nämlich Fines Stärke: Sie hat viele witzige Ideen und zaubert im Nu die tollsten Bilder aufs Papier. Das kann auch nicht jeder. Und davon bekommt man kein bisschen Muskelkater.

„Ich möchte mal wissen, warum man manchmal so einen dollen Muskelkater hat", jammert Zoe und reibt dabei ihre linke Wade. „Für was soll so ein Muskelkater gut sein? Und wieso heißt es ausgerechnet Muskelkater? Meine Beine miauen doch gar nicht." Miauen. Muskeln. Kater. Miauender Kater mit Muskeln! DAS ist was für Fine mit ihren ausgefallenen Ideen. So eine Muskelkatze – äh, einen Muskelkater könnte man ja mal zeichnen, überlegt sie schelmisch grinsend. Während Lea und Zoe eine große Inliner-Runde durch den Park drehen, beginnt Fine auf der Parkbank eifrig mit ihrer Zeichnung von einer flauschigen, kraftstrotzenden und muskelbepackten Mieze: dem Muskelkater mit Miau.

Zuhause bei Toby

Die Sache mit den Muskeln beschäftigt Toby. Warum hat sich der Muskelkater Zoe ausgesucht und nicht Lea? Beide haben doch das Gleiche gemacht. Liegt es an den unterschiedlichen Stärken der Mädchen? Und wie findet man die eigenen heraus? Das neugierige Teufelchen beschließt, nach einer Runde mit dem Skateboard ganz vorsichtig mit dem Inlinern zu beginnen – und sofort aufzuhören, falls ein „Miau" zu hören ist ...

Wohlgefühle lernen

Was wir mögen oder nicht, was uns leicht- oder schwerfällt, hängt oft von Erfahrungen ab, die wir bereits in der Kindheit gemacht haben. Dabei kann es sich um Erlebnisse handeln, die schon in Vergessenheit geraten sind, uns aber unbewusst weiterprägen. Auch die Art und Weise, wie wir mit unserem Körper umgehen, lässt sich auf frühe Erfahrungen zurückführen. Erfahrungen, die das Körpergefühl prägen, macht der Mensch also nicht erst, wenn er dazu in der Lage ist, Entscheidungen zu treffen. Er sammelt sie vom Tag seiner Geburt an.

Achtsamkeit ist ein zentraler Aspekt in den seit Jahrtausenden praktizierten fernöstlichen Gesundheitslehren: Wer bewusst in sich hineinhört, lernt die individuellen Bedürfnisse seines Körpers und seiner Seele verstehen.

Babys sind für erste positive Erfahrungen auf die Zuwendung der Eltern angewiesen. Werden die Bedürfnisse des Säuglings erkannt und befriedigt, schafft das Vertrauen: in die Eltern und in die eigenen Fähigkeiten. Aufmerksamkeit, Aktionen und Reaktionen der Eltern sind für Säuglinge wichtige (Erfolgs-)Erlebnisse. Ihr Schreien, Strampeln und Lachen erzeugen Wirkung. Das Streicheln, Küssen und Kuscheln der Eltern lassen sie den eigenen Körper angenehm spüren. Erleben heißt Lernen. Auch das Gefühl „Das tut mir gut. Ich fühle mich wohl!“ ist eine solche Lernerfahrung.

Die Sinne streicheln

Wenn Eltern das Zimmer ihres Babys einrichten, sorgen sie zum Beispiel mit einem Mobile zum Schauen, einer Spieluhr zum Hören oder auch dem Kuscheltuch zum Greifen und Schmusen ganz ohne pädagogische Hintergedanken dafür, dass die Sinne des Kindes „Futter“ bekommen. Eltern fördern damit das Wahrnehmungsvermögen ihres Kindes.

Kleinen Kindern ist es ein natürliches Bedürfnis zu lernen. Empfinden sie dabei Freude oder Spaß, bleibt die Lust auf neue Lernerfahrungen bei Heranwachsenden ungebrochen. Gefühle und Lernen sind eng miteinander verbunden, weiß die Hirnforschung. Über die Sinne erkunden Kinder nicht nur ihre Umwelt, durch die Sinne lernen sie auch sich selbst kennen. Der eigene Zeh ist für ein Baby manchmal interessanter als das Mobile an der Decke: Ich kann ihn sehen, greifen, an ihm lutschen. Und später folgt die Erkenntnis: Der Zeh ist Teil meines Fußes, und auf dem kann ich stehen. Und wenn ich das Gleichgewicht halten kann, laufe ich.

Den eigenen Körper entdecken, herausfinden, was ich alles mit ihm tun kann, und diese Fähigkeiten verbessern: Auch das hat ganz viel mit Gefühl zu tun. Mitmenschen nehmen unseren Körper vor allem mit den Augen wahr. Doch sie kennen ihn niemals so gut wie wir selbst. Denn zur Wahrnehmung des eigenen Körpers liefern uns nicht nur die „äußeren Sinne“ wie das Sehen und Hören Eindrücke, die von unserem Gehirn bewertet und verarbeitet werden: Der Tastsinn in der Haut, der Gleichgewichtssinn im Innenohr und die Tiefenwahrnehmung in den Muskeln und Gelenken machen mit vielen Sensoren, die ununterbrochen Reize ans Zentrale Nervensystem (Gehirn und Rückenmark) weiterleiten, das aus, was man Körpergefühl nennt. Das Körpergefühl brauchen wir für jede Bewegung – ob wir einen Stein aufheben, laufen, schreiben oder Trampolin springen.

Tobys Tipps

Versuche, mit geschlossenen Augen ein kleines Stück geradeaus zu gehen. Dein Körpergefühl hilft dir dabei: Mit den Sinneszellen der Haut erfühlst du den Untergrund, auf dem du stehst. Die Sensoren im Innenohr sorgen bei Drehbewegungen für Orientierung nach oben und unten, links und rechts. In deinen Muskeln, Sehnen und Gelenken sind Kontrollstationen, die das Gehirn über die Position deiner Beine und Füße informieren, auch darüber, ob die Muskeln angespannt oder entspannt sind. Das Gehirn setzt die Informationen zusammen und koordiniert die Bewegungen.

In Bewegung

Wenn wir einen Fuß vor den anderen setzen, lächeln oder der Freundin einen Ball zuwerfen, sind viele Muskeln gleichzeitig in Aktion. Rund 650 Muskeln haben wir insgesamt. Sie sind die Triebfedern jeder Bewegung. Der wichtigste Muskel ist unser Herz. Das Herz pumpt pausenlos sauerstoffhaltiges Blut zu den Körperzellen, die es für ihre vielfältigen Arbeiten brauchen. Gleichzeitig wird sauerstoffarmes Blut aus dem Körper in die Lunge gepumpt, damit es dort wieder Sauerstoff über die eingeatmete Luft erhält. Das Herz ist also ständig in Bewegung.

Das Herz wird – ebenso wie andere Muskeln, die Organe und Blutgefäße im Körperinneren aktivieren – auch über das vegetative Nervensystem gesteuert. Das heißt, diese Muskeln sind automatisch aktiv, wenn sie gebraucht werden, wie zum Beispiel in Magen und Darm, wenn die Nahrung zur Verdauung weitertransportiert wird. Viele Muskeln können wir auch willentlich einsetzen, zum Beispiel die Muskeln in unserem Hals, den Armen oder Beinen – kurz: die Muskeln unseres Bewegungsapparates. Sie sind mit den Sehnen und Knochen des menschlichen Skeletts verbunden.

Aufgebaut sind Muskeln aus Bündeln protein-, also eiweißhaltiger Fasern, die über Nervenzellen mit dem Gehirn oder Rückenmark verknüpft sind. Die Nerven geben den elastischen Fasern den Befehl zum Zusammenziehen oder Entspannen. Dadurch verkürzen oder verlängern sich die Muskeln. Wie Marionettenspieler ziehen sie an den mit ihnen verknüpften Sehnen und Knochen: Das Skelettsystem wird mobil. Muskeln bringen die Knochen übrigens nicht nur in Bewegung, durch Spannung geben sie ihnen auch Halt. Sie sorgen für eine gute Haltung.

Auch wenn wir Muskeln willentlich steuern, tun wir das oft, ohne darüber nachzudenken. Zum Beispiel beim Fahrradfahren: Hier gilt es, auf die richtige Haltung zu achten, die Aktionen von Beinen, Füßen, Händen und Kopf zu koordinieren und die Balance zu halten. Das erfordert viel Körpergefühl – und Übung. Nicht nur Arme und Beine brauchen Training, bis Kinder das Fahrzeug beherrschen, auch das Gehirn. Es speichert erfolgreich eingeübte Bewegungsabläufe ab und stellt die erlernten Informationen bei erneutem Bedarf blitzschnell zur Verfügung. Das, worauf wir am Anfang bewusst achten, wird fortan meist „unbewusst“ ausgeführt.

Das Gehirn kann auch umlernen und für Handlungen, die wir künftig anders ausführen wollen, neue Bewegungsmuster bereitstellen. Wer sich zum Beispiel über einen längeren Zeitraum „automatisch“ mit rundem Rücken bückt, hat vielleicht schon selbst bemerkt: Wirbelsäule und umgebende Muskulatur werden dabei stark belastet. Das Bücken mit geradem Rücken schafft dagegen Entlastung. Wer regelmäßig darauf achtet, sorgt dafür, dass die rückenschonenden Bewegungsabläufe sprichwörtlich in Fleisch und Blut übergehen – und beugt damit Haltungsschäden vor.

AHA!

Bewegung regt die Durchblutung und damit auch den Sauerstofftransport zu den Körperzellen an. Das stärkt den Aufbau und die Leistungsfähigkeit des gesamten Organismus. Kinder, die sich regelmäßig bewegen – das bestätigen wissenschaftliche Untersuchungen – lernen auch leichter. Mindestens 2 bis 3 Stunden am Tag sollten sie die Gelegenheit zu Bewegung haben.

Muskelkater – ein Warnsignal

Wir steuern unsere Bewegungen, aber die Kommunikation mit unserem Bewegungsapparat verläuft nicht einseitig. Die Muskeln melden uns auch zurück, wenn wir sie überfordern. Bekommen sie zu viel zu tun oder reichlich Arbeit, an die sie nicht gewöhnt sind, reagieren sie mit Muskelkater. Das ist zum Beispiel der Fall, wenn wir nach langer Laufpause eine große Strecke zurücklegen oder die untrainierten Armmuskeln bei einem Tennisturnier ungewohnt belasten. Bei einem Muskelkater entstehen in den Muskelfasern durch die Überlastung kleine Risse. Dort lagert sich vorübergehend Wasser ein, die Fasern werden überdehnt. Und das kann einige Tage schmerzen.

Das Tückische: Ein Muskelkater macht sich erst mehrere Stunden nach der körperlichen Betätigung bemerkbar. Er lehrt, das nächste Mal besser auf die eigenen Grenzen zu achten. Auch Kinder können Muskelkater bekommen. Wenn beispielsweise ein junger Skateboarder viele Male über eine Rampe gesprungen ist, weil ihm das so viel Spaß macht, kann es sein, dass er abends über Muskelschmerzen klagt. Kinder haben Muskelkater allerdings seltener, weil sie vielseitig in Bewegung sind und meist keinen Körperteil einseitig überbeanspruchen.

Muskeln brauchen viel Energie. Die „Kraftwerke“ der Muskelzellen, die Mitochondrien, stellen durch die „Verbrennung“ von Fett oder Zucker Adenosintriphosphat (ATP) her, das zur Erzeugung von Bewegungsenergie benötigt wird. ATP ist ein energiereicher Baustein, der sich bei Bedarf chemisch verändert und dabei seine gespeicherte Energie abgibt – ähnlich wie bei einer Batterie. Besteht längerfristig mehr Energiebedarf – vor allem durch ausdauernde Bewegung –, erhöhen die Mitochondrien ihre Produktionskapazität, indem sie sich vermehren. Laufen die kleinen Zell-„Kraftwerke“ auf Hochtouren, fordern sie mehr Sauerstoff an, den sie für die „Verbrennungsprozesse“ benötigen: Der Körper stellt mehr Sauerstoffträger zur Verfügung, indem er die roten Blutkörperchen und darin die Menge an Sauerstoff bindendem Eisen erhöht. So erweitert er das Netz an (kleinen) Blutgefäßen, über das Sauerstoff und Nährstoffe zu den Zellen transportiert werden.

Zeit zum Entspannen

Wer sich viel bewegt, braucht auch Ruhe und Entspannung, Zeit zum Innehalten und zum Kräftetanken. Seelische Anforderungen wirken sich ganz ähnlich auf den Körper aus wie körperliche Anstrengungen. Hektik, Stress und Überforderung lassen Erwachsene und Kinder ebenso schnell außer Atem geraten wie schnelles Laufen. Das Herz rast mit.

Ein Tag, an dem wir die Seele baumeln lassen und uns ohne Zeitdruck nur mit dem beschäftigen, was Spaß macht, lässt uns dagegen wieder Luft holen, baut Stresshormone ab und beruhigt den Puls. Er schenkt auch Zeit für die Achtsamkeit im Umgang mit Körper und Seele.

„Die Sorgen schlagen mir auf den Magen.“ „Der Ärger lässt mir die Galle überlaufen.“ Diese und andere Redensarten verraten: Körper und Seele beeinflussen sich wechselseitig. Das erklärt auch, warum Ihrem Kind das Herz vor Aufregung bis zum Hals schlägt, wenn es sich gerade sehr mit dem besten Freund gestritten hat. Zeigen Sie ihm, dass es über die Steuerung seines Körpers auch die Seele besänftigen kann: Sich ganz bewusst auf eine ruhige, gleichmäßige Atmung zu konzentrieren, hilft.

Erfolgserlebnisse für kleine Forscher

Der menschliche Körper befindet sich in einem ständigen Entwicklungsprozess. Er wird größer, dicker, dünner, älter, stärker. In der Kindheit und Jugend durchläuft er die größten Veränderungsprozesse. Dabei wird er neugierig beobachtet und hinterfragt vom Nachwuchs selbst, dem das Großwerden – und die damit verbundenen wachsenden Fähigkeiten – oft nicht schnell genug gehen kann. Kinder lieben Herausforderungen, probieren gerne Neues aus und loten dabei früh die individuellen Möglichkeiten und Grenzen aus. Wer diese kennt, geht mit den Stärken und Schwächen seines Körpers zeitig verantwortungsbewusst um.

Eltern sind Vorbilder, vor allem die Kleinen ahmen ihr Verhalten gerne nach. Aber Kinder wollen nicht nur zu- oder abschauen. Sie wollen selbst aktiv sein und früh alles alleine machen. Noch bevor sie vollständige Sätze sprechen, geben sie mit „Ich will!“ auch zu verstehen: „Ich kann das alleine, lass mich nur machen!“
Zu viel Angst bremst, Vertrauen in die Fähigkeiten des Kindes hingegen bringt weiter: Eltern sollten Kindern die Gelegenheit und die Zeit geben, möglichst viel selbständig zu bewältigen. Das Gefühl „Ich habe es geschafft!“ ist ein wichtiger Schritt auf dem Weg zur Erkenntnis „Ich beherrsche meinen Körper!“ – die Grundlage für ein gesundes Selbstvertrauen.

Regeln bieten Halt. Ein „Stopp!“, wenn sich Kinder zum Beispiel auf einem großen Klettergerüst zu weit vorwagen, weil sie mit Älteren mithalten wollen, gibt Sicherheit. Dem „Stopp!“ oder „Nein!“ sollte immer auch die Erklärung folgen. Das Kind erfährt: „Ich kann es jetzt noch nicht schaffen, aber später, wenn ich größer bin.“ Vermeiden sollten Eltern aber, ihre Kinder regelmäßig zu verunsichern, indem sie jede Herausforderung immer nur als „gefährlich“ ansehen und die Kinder deswegen permanent „stoppen“. Dann verkehrt sich die gut gemeinte Aufsicht in eine dauerhafte Verunsicherung der Kinder, die sich irgendwann ohne „Aufpasser“ überhaupt nichts mehr zutrauen. Oder aber sie werden ohne Aufsicht der Eltern leichtsinnig, weil sie es nie gelernt haben, Gefahren selbst einzuschätzen.

Wie soll sie sein, diese Erlebniswelt mit ausreichend Freiraum und sicheren Grenzen? Farbenfroh, rund, kantig, mal ganz still, dann wieder laut, süß, sauer, stachelig und weich – zusammengefasst: ein vielseitiges Fest für die Sinne. Über die Sinne nehmen wir die Umwelt wahr. Unsere körperlichen und emotionalen Reaktionen wiederum verraten uns viel über uns selbst.

Stärke entwickeln

Wenn sie etwa 1½ Jahre alt sind, können sich Kinder im Spiegel selbst erkennen – und damit auch Unterschiede zwischen sich und anderen Menschen. Sie beginnen Vergleiche anzustellen. Das „Ich“ steht jetzt immer auch in Beziehung zum „Du“. Die Wahrnehmung des eigenen Körpers wird zunehmend auch von anderen und durch Vergleiche geprägt: „Ich bin größer als du, du läufst schneller als ich.“

Positive Bestärkung der eigenen Fähigkeiten ist schon kleinen Kindern wichtig. Selbst wenn der gezeichnete Hase wie eine Maus aussieht, möchten sie hören: „Das hast du toll gemacht.“ Lob motiviert zum Weitermachen und erhöht die Bereitschaft, neue Erfahrungen zu sammeln.

Der Vergleich mit anderen führt zu der Entdeckung, dass Menschen unterschiedlich aussehen und nicht immer die gleichen Fähigkeiten haben. So gibt es kleine und große, starke und schwache Menschen. Es gibt Menschen, die gut turnen können – andere wiederum können tolle Geschichten erzählen oder lernen leichter, ein Instrument zu spielen. Nur wer sich und seinen Körper, seine Fähigkeiten, aber auch seine Schwächen akzeptiert, fühlt sich in ihm wohl.

Eltern lieben ihre Kinder. Ihre Botschaft „Ich liebe dich genau so, wie du bist!“ stärkt das Selbstwertgefühl. Mutter und Vater können die Kinder dabei unterstützen, ihre individuellen Stärken zu entdecken, ohne vorhandene Schwächen zu ignorieren. Empfindet das Kind seine Kurzsichtigkeit als Schwäche, kann die „coole“ neue Brille im Gegenzug ein Gefühl von Stärke vermitteln. Denn die Brille steht ihm besonders gut – und macht in der Schule vielleicht sogar Mode. Oder: Wenn ein Grundschulkind unbedingt in den Fußballverein möchte, aber offensichtlich „zwei linke Füße“ hat, können Sie ihm als Alternative auch Schnuppertrainings in anderen Sportarten anbieten. So merkt es selbst am besten, dass ihm zum Beispiel Judo mehr liegt und auch größeren Spaß macht.

Toby hat mittlerweile das Inlinern ausprobiert. Von einem Muskelkater ist nichts zu spüren. „Meine Muskeln fühlen sich wohl – und ich auch!“ denkt er zufrieden und zieht sich in seine kuschelige Höhle zurück.

Kapitel 11
Körperphänomene

Von Saftrosinen und ulkigen Schrumpeln

Janis ist übers Wochenende zu seinen Großeltern aufs Land gefahren. Zuerst sind sie gemeinsam zur Dorfkirmes gegangen, und dann hat Janis mit Oma Freda einen Rosinenzopf gebacken. Und Oma Fredas Rosinenzopf ist der weltbeste Rosinenzopf überhaupt, findet Janis, und deshalb hilft er besonders gerne mit.

Zuerst weicht er die schrumpeligen Rosinen in Wasser ein. „Die werden dann wieder etwas glatter und saftiger", erklärt ihm Oma Freda, während sie den Hefeteig knetet. Nachdenklich rührt Janis im Rosineneinweichwasser herum und schaut dabei seiner Großmutter zu. Ihre Hände und Finger sind ganz schön schrumpelig! Und auch im Gesicht haben Oma und Opa viele Knitterfalten. Fast wie die Rosinen! Ob man Omas und Opas Runzeln auch durch Einweichen wieder glatt bekommen würde? Und wie sind die ganzen Striche, Linien und Furchen überhaupt in die Haut gekommen?

Später, als der frisch gebackene Saftrosinenzopf im ganzen Haus einen leckeren Duft verströmt, steht Janis im Badezimmer vor dem Spiegel. Ob Oma ihre Falten im Gesicht selbst gefaltet hat? Janis kneift und zwickt sich in die Wangen – aber die Falten wollen nicht halten. Er zieht Grimassen und runzelt die Stirn – aber auch das verhilft ihm nicht zu bleibenden Linien und Furchen in der Haut. Warum bleibt er faltenfrei, während Oma und Opa so schön verknittert sind?

Janis steigt in die Badewanne und denkt an die verschrumpelten Rosinen, die durch das Einweichen im Wasser wieder etwas praller und saftiger geworden sind. Aber während er da so im Wasser sitzt und nachdenkt, passiert genau das Gegenteil: Plötzlich bekommt Janis doch tatsächlich runzlige Hände und Füße! Das ist ja ulkig! Ob diese Schrumpeln nun für immer in seiner Haut bleiben werden? Und ob seine Großeltern wohl auch durch langes Baden zu ihren Falten gekommen sind?

Zuhause bei Toby

Auch Toby ist fasziniert von Oma Fredas und Opa Erichs Falten. Er hat versucht, dem Geheimnis des Phänomens auf die Spur zu kommen. Nachts, als alle schliefen, hat sich Toby bei den Menschen auf die Suche gemacht und ist in einer alten Kommode auf ein golden glänzendes Buch mit der Aufschrift „Familienalbum" gestoßen. Neugierig hat das Teufelchen in den Seiten geblättert und über die Fotos von alten, jungen, kleinen, großen, dicken, dünnen Menschen gestaunt. Jetzt steht Toby wieder in der Höhle und betrachtet seine eigene Ahnengalerie: Auch da sehen alle verschieden aus ...

Baupläne des Körpers

Tobys Tipps

Selbst das größte Englisch-Talent kann sich nur fließend in der Fremdsprache verständigen, wenn es vorher Vokabeln lernt. Wer nicht fleißig und motiviert ist, wird schnell – Talent hin, Talent her – von eifrigen Mitschülern überflügelt. So verhält es sich mit allen „Naturbegabungen“. Nicht umsonst sagt der Volksmund: „Übung macht den Meister.“

Mit den Augen eines Kindes betrachtet, bietet die Vielfalt des menschlichen Körpers nahezu unerschöpfliches „Forschungsmaterial“: Warum wachsen unsere Haare – im Gegensatz zu unseren Knochen – immer weiter? Ich habe die gleiche Augenfarbe wie Papa, mein Bruder aber die von Mama. Wie kann das sein?

„Das liegt mir in den Genen“, sagt Papa, wenn es um seine Spitzenleistungen in der Leichtathletik geht. Mama läuft zwar gerne, aber viel langsamer. Dafür wird sie oft für ihre tolle Singstimme gelobt. Auch sie beruft sich dabei auf ihre „guten Gene“. Beide meinen damit Anlagen, die sie von den Eltern oder deren Vorfahren „geerbt“ haben. Um ihre Talente zu entfalten, haben sie natürlich auch viel trainiert.

Unsere Gene werden auch als Baupläne des Körpers bezeichnet. Mutter und Vater geben damit Informationen, die sie selbst von ihren Eltern geerbt haben, an die nächste Generation weiter. Blond oder braun, rot- oder schwarzhaarig? Blaue, braune, grüne oder graue Augen? Groß oder klein? Die individuellen Merkmale sind in den „Bauplänen“ festgelegt. Die Erbanlagen bestimmen natürlich nicht nur unser Aussehen und unsere Talente mit. Sie informieren auch die Körperzellen, wie sie zu funktionieren haben. Das ist überlebenswichtig.

Etwa 25.000 Gene hat der menschliche Körper. Sie sind im Kern all unserer Körperzellen verankert. Dort sind die Erbinformationen – ähnlich wie im Ordner eines Computers – auf so genannten Chromosomen gespeichert. Bei dem „Speichermaterial“ handelt es sich um die Desoxyribonukleinsäure, kurz DNS oder in der häufig genutzten englischen Variante auch DNA genannt. Die DNA enthält unsere komplette Erbinformation, eine Art Bauplan, in verschlüsselter Form. Die Proteinfabriken der Körperzellen, man nennt sie Ribosomen, erhalten Kopien der Anleitung, lesen sie und stellen die für die Körperprozesse erforderlichen Proteine (Eiweiße) nach dieser Gebrauchsanleitung her.

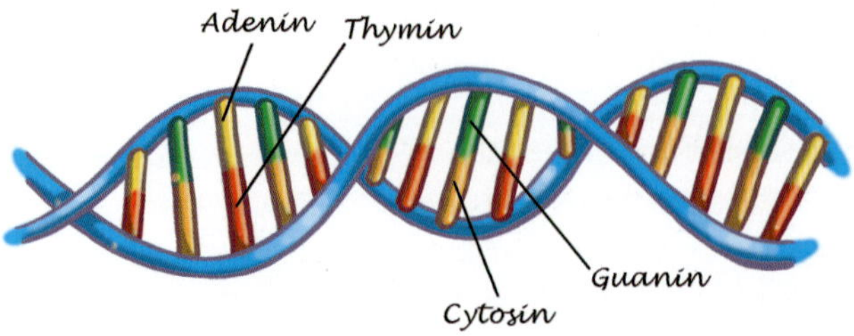

Die DNA sieht aus wie eine schraubig gedrehte Strickleiter. Die vier Grundbausteine sind paarweise miteinander verknüpft: Adenin ist dabei stets mit Thymin, Guanin stets mit Cytosin verbunden. Die Abfolge dieser Bausteine enthält die Erbinformation.

Genetische und andere Fingerabdrücke

„Die Tochter ist ganz der Papa!“ Haben Sie das auch schon mal gehört? Selbst wenn die Sechsjährige dem Vater sprichwörtlich wie aus dem Gesicht geschnitten ist: Kinder sind keine Abziehbilder eines Elternteils. Beide Eltern geben ihnen Kopien der eigenen Gene zu jeweils 50 % weiter: Die für ein Körpermerkmal zuständigen Gene sind paarweise angelegt und wirken als Partner. Welche Arten von Genen dabei zusammenkommen, bestimmt, welche Merkmale sich sicht- oder fühlbar durchsetzen. Manche Gene zum Beispiel dominieren den schwächeren (rezessiven) Partner. Bei der Augenfarbe fällt auf: Braun setzt sich leichter durch als Grün, und Grün dominiert über Blau.

Die Genforschung hat festgestellt: Es gibt kein einzelnes Blau-, Braun-, Grau- oder Grün-Gen. Mehrere Gene sind an der Ausprägung der Augenfarbe beteiligt. Sie regulieren die Ausschüttung des Farbstoffs Melanin und auch die Schattierungen der Augenfarbe. Braune Augen haben die meisten Menschen – fast 90 % der Weltbevölkerung.

Toby ist ein blauäugiger Junge aufgefallen, dessen Eltern beide braune Augen hatten. „Wie ist das möglich?“

Die Vererbung und Durchsetzungskraft der Gene ist eine komplexe Angelegenheit. Vater und Mutter haben ihre Gene ja auch schon von den Eltern geerbt. Geben beide die gleichen „unterdrückten“ Gene für ein Körpermerkmal an den Sprössling weiter, kann er – ebenso wie der Opa und vielleicht die Uroma – blaue Augen bekommen. Von Generation zu Generation und von Geschwisterkind zu Geschwisterkind entsteht ein neues, einzigartiges Gen-Puzzle.

Auffallend sind die Ähnlichkeiten bei so genannten eineiigen Zwillingen. Sie entstehen aus nur einer Eizelle der Mutter, die sich nach Verschmelzung mit der Samenzelle des Vaters „versehentlich“ noch einmal komplett in zwei Teile teilt. Aus beiden Teilen entstehen eigenständige Kinder mit demselben Erbgut: Nur bei eineiigen Zwillingen ist das DNA-Profil gleich. Bei allen anderen Menschen weist es in den Abschnitten zwischen den Erbinformationen unterschiedliche Längen auf. Wissenschaftler ermitteln mit Hilfe moderner Labormethoden daraus einen Strichcode, den man auch den genetischen Fingerabdruck nennt. Ein Haar, eine Hautschuppe oder etwas Speichel reichen für die Untersuchungen bereits aus.

Tobys Tipps

Spielt bei der nächsten Party doch mal Polizei und versucht, eure Freunde nur anhand ihrer Fingerabdrücke und Stimmen zu erkennen. Vergesst nicht, abwaschbare Stempelfarbe zu benutzen. Der Gewinner erhält eine tolle Detektiv-Urkunde, die ihr vorher alleine oder mit euren Eltern gestalten könnt.

Dass auch eineiige Zwillinge trotz ihres identischen DNA-Profils einzigartig sind, wissen nicht nur die Menschen, die sie gut kennen. Dafür gibt es sichtbare Belege. Zum Beispiel haben auch eineiige Zwillinge unterschiedliche Fingerabdrücke, denn diese sind bei keinem Menschen auf der Erde gleich. Stimmen sind ebenfalls einmalig – sozusagen ein akustischer Fingerabdruck. Selbst wenn sie sehr ähnlich klingen, gibt es Unterschiede in den Tonlagen oder zum Beispiel auch in der Betonung von Lauten.

Zweieiige Zwillinge können, müssen sich aber nicht ähnlich sein. Da sie aus zwei mit unterschiedlichen Samen befruchteten Eizellen stammen, ist ihr Erbgut nicht identisch. So kann das zeitgleich im Mutterleib aufgewachsene Geschwisterpärchen – anders als bei eineiigen Zwillingen – auch aus einem Jungen und einem Mädchen bestehen.

Alles Schicksal?

Ihre Kopfform können sich Menschen ebenso wenig aussuchen wie die natürliche Augen-, Haut- oder Haarfarbe. Es gibt also Gene, auf deren Auswirkungen ein Mensch selbst keinen Einfluss hat. Das ist aber nicht grundsätzlich so. Die Körpergröße, für die mehrere Gene den Rahmen weitgehend abstecken, wird in Maßen auch von den Lebensbedingungen und der Ernährung beeinflusst. Noch mehr Einfluss gestehen Wissenschaftler unserer Lebensweise beim Körpergewicht zu.

Dick oder dünn? Auch hierfür werden uns Anlagen in die Wiege gelegt. Über unser Ernährungsverhalten und Bewegung können wir jedoch meist etwas dafür tun, dass aus dem vererbten Risiko zum „Leichter-dick-Werden“ kein unabwendbares Schicksal wird. Genforscher haben bereits mehrere Gene ausfindig gemacht, die Einfluss auf das Körpergewicht haben können. Sie sind zum Beispiel an der Regulierung des Hunger-, Appetit- und Sättigungsgefühls sowie an Stoffwechselvorgängen beteiligt. Beim Stoffwechsel des Körpers werden Rohstoffe, die wir vor allem über die Nahrung aufnehmen, in einem biochemischen Prozess zu vielfältigem „Baumaterial“ für neue Körperzellen und -funktionen umgebaut und verarbeitet. Dabei verbraucht der Körper Energie.

Wer über die Ernährung regelmäßig mehr Energie (Kalorien) aufnimmt, als der Körper verbraucht, legt an Gewicht zu. Dabei geht es – offensichtlich genetisch bedingt – nicht immer gerecht zu. Untersuchungen mit Zwillingen zum Beispiel haben gezeigt, dass einige Menschen überschüssige Kalorien leichter verbrennen und als Wärme abgeben als andere, die sie eher als Fettreserven speichern. Wie sich einzelne Gene im Zusammenspiel auf die Nahrungsverarbeitung und -verwertung auswirken, wird weltweit erforscht. Dazu, wie wir unseren Stoffwechsel bei seiner Arbeit durch unsere Lebensweise unterstützen können, gibt es bereits jetzt hilfreiche Empfehlungen:

Ausreichend Bewegung kurbelt den Energieverbrauch des Körpers an. Aus einer ausgewogenen, vollwertigen Kost kann sich der Körper zum einen alle wichtigen Bausteine holen: Eiweiß, Kohlenhydrate, Fett, Vitamine und Mineralstoffe. Zum anderen sorgt sie dafür, dass der Griff zu Nahrungsmitteln mit geringer Nährstoffdichte und viel Kalorien – zum Beispiel Süßigkeiten – nicht überhandnimmt.

Manchmal sieht man Menschen, die besonders groß oder klein sind, oder sie haben veränderte Arme und Beine, können vielleicht nicht so gut laufen oder sitzen in einem Rollstuhl. Auch das Sehen oder Hören kann beeinträchtigt sein. Dafür kann es viele Gründe geben: Manchmal sind Störungen in der Entwicklung als Embryo im Bauch der Mutter ursächlich dafür. Wichtig ist, diese Menschen nicht einfach auszugrenzen, nur weil sie etwas „anders" sind. Vielleicht können sie dafür andere Dinge besser, und wer schon mal ein Wettrennen gegen einen Rollstuhlfahrer bestritten hat, weiß, wie viel Spaß das machen kann.

Toby fällt auf: Auch die menschliche Haarpracht ist mal dicker, mal dünner und hat unterschiedliche Farben. Vor allem aber wächst sie scheinbar immer weiter ... „Hört das denn niemals auf?"

Endlos wachsen?

Kinder wachsen vor allem nachts. Im Tiefschlaf, in dem auch die Muskeln entspannen, schüttet das Gehirn vermehrt Wachstumshormone aus. Nach der Pubertät sind Menschen „ausgewachsen". Es gibt aber auch Körperteile, die regelmäßig weiterwachsen: Fingernägel, Fußnägel und Haare. Das macht Sinn, denn sie haben eine natürliche Schutzfunktion. Haare schützen die sensible Kopfhaut bis zu einem gewissen Grad vor UV-Strahlen und Hitze. Im Winter tragen die Haare wie eine isolierende Wärmeschicht mit dazu bei, dass der Mensch nicht schnell auskühlt. Finger- und Fußnägel bewahren die empfindlichen Finger- und Zehenspitzen wie auch das Nagelbett vor Verletzungen. Bei der Erfüllung ihrer Aufgaben sind Haare und Nägel Belastungen ausgesetzt. Damit sie diese dennoch erfüllen können, werden sie regelmäßig „erneuert“.

Haare und Nägel gehören als Anhangsgebilde zur Haut. Diese erneuert sich durch Zellteilung, wie auch Haare und Nägel. Sie bestehen aus widerstandsfähigem Horn, mit dem zum Beispiel auch der Panzer von Schildkröten überzogen ist. Hauptbestandteil von Horn ist das Eiweiß Keratin. Es ist auch in der obersten Hautschicht vorhanden. Bis zu 150 Lagen Keratin bilden einen Nagel.

Unsere Haare haben lebendige Wurzeln, in denen die Zellteilung auf Hochtouren läuft. Rund 1 cm wächst ein Haar im Monat. Zum Vergleich: Ein Fingernagel wächst etwa 5 mm pro Monat, ein Fußnagel nicht mal halb so viel.

Die in der Lederhaut sitzenden Haarwurzeln sind mit Blutgefäßen und Nerven durchzogen. Deshalb ziept es, wenn man an einem Haar zieht. Über die Blutgefäße wird das heranwachsende Haar mit Nährstoffen versorgt. Seine Lebensdauer ist zeitlich begrenzt. Nach etwa sechs Jahren löst es sich von der Wurzel und fällt aus. Ein neues Haar wächst bereits nach.

Haare sind in Wirklichkeit Zellmaterial, das nach einem für den Menschen unsichtbaren Reifeprozess unterhalb der Hautoberfläche bereits abgestorben ist. Aus diesem Grund tut Haareschneiden auch nicht weh. Mehrjähriges Wachstum, Ruhephase und schließlich Ausfall eines Haares finden zeitversetzt zu den „Nachbarn“ statt, sodass das Austauschprogramm auf unserem Kopf normalerweise nicht auffällt.

Braun, blond oder grau?

Die Haarwurzeln funktionieren wie kleine Fabriken. Dort werden nicht nur immer neue Haarzellen produziert, verhornt und durch Talgdrüsen mit einer geschmeidigen Fettschicht überzogen. Das Haar wird über Pigmentzellen auch mit unterschiedlichen Farben versorgt. Menge und Mischung der Varianten des Farbstoffs Melanin – Eumelanin (braun-schwarz) und Phäomelanin (rot) – lassen die Haare schwarz, braun, rot oder blond schimmern. Wenn Menschen älter werden, teilen sich nicht nur die Haarzellen langsamer, auch der Farbstoff geht nach und nach aus. Statt der Farbpigmente werden mehr Luftbläschen im Haar eingeschlossen, die es – beim einen früher, beim anderen später – grau oder silbrig-weiß erscheinen lassen.

Das gesunde Wachstum von Haaren wird vor allem durch die Aufnahme von Vitamin A, D und E gefördert. Sie sind zum Beispiel in Karotten, Spinat, Fisch, Milchprodukten, Margarine und pflanzlichen Ölen enthalten.

Manchmal verlieren Menschen auch Haare, ohne dass neue nachwachsen. Männer bekommen dann häufig eine Glatze. In den meisten Fällen ist das so, weil ihre Haarwurzeln – erblich bedingt – überempfindlich auf ein Abbauprodukt des Hormons Testosteron reagieren. Das so genannte Dihydrotestosteron (DHT) bewirkt bei den Betroffenen eine Verkürzung der Wachstumsphasen des Haares. Es wächst schneller, fällt dadurch auch früher aus. Im Laufe der Zeit schrumpfen die Haarwurzeln und verkümmern. Der weibliche Körper produziert viel geringere Mengen an Testosteron als der eines Mannes. Deshalb bekommen Frauen – außer im Krankheitsfall und von wenigen Ausnahmen abgesehen – keine Glatze.

Fältchen und Runzeln

Etwa zwölfmal im Jahr bekommt der Mensch eine neue Hautschicht. Die Haut – unsere empfindliche Schutzhülle – wirft täglich Milliarden von Hautschüppchen ab. Die Keimschicht der Oberhaut sorgt für Nachschub an frischen Zellen. Je älter wir werden, desto langsamer verläuft dieser Prozess – nicht von heute auf morgen, sondern ganz allmählich. Die Haut wird dünner.

Auch die Erneuerungsprozesse in der Lederhaut, in der die Nährstoffversorgung unseres größten Organs sichergestellt wird, verlangsamen sich. Die Lederhaut stellt weniger wasserbindende Hyaluronsäure her und kann dadurch nicht mehr so viel Feuchtigkeit speichern. Die Produktion von Kollagen – das Struktureiweiß, das für das faserige „Stützgerüst" der straffen Haut sorgt – hält immer weniger mit seinem Abbau Schritt. Die Haut verliert an Spannkraft und Elastizität. Sie bekommt Falten.

Man kann einiges dafür tun, den Alterungsprozess der Haut zu verlangsamen. Dazu gehören vor allem der Schutz vor Kollagen schädigenden UV-Strahlen und der Verzicht auf Zigaretten. Auch frische Luft, ausreichend Schlaf, wenig Stress, reichlich Wasser und kalorienarme Getränke sowie frisches Obst und Gemüse halten die Haut länger jung.

Selbst junge Haut kann Falten bekommen – wenn auch nur für kurze Zeit: Nach einem längeren warmen Bad zum Beispiel wird der hauteigene Säureschutzfilm an einigen Stellen durchlässig. Die dicken Hornschichten an den Handinnenflächen und Fußsohlen saugen sich dann mit Wasser voll und quellen auf. Die Haut ist jedoch nicht überall gleich dick. Dadurch scheint sie Wellen zu schlagen und wird – in diesem Fall aber nur vorübergehend – runzlig.

AHA!

Haare haben wir am ganzen Körper. Bei unseren Urahnen war das ein richtiges Fell, das vor Hitze und Kälte schützte. Wir nutzen dafür heute hauptsächlich Pullover, T-Shirts, Ventilatoren und Heizungen. Andere Körperhaare haben aber weiterhin wichtige Schutzfunktionen. Die Wimpern zum Beispiel verhindern, dass Fremdkörper leicht ins Auge gelangen, Augenbrauen fangen die Schweißtröpfchen rechtzeitig ab. Und die Härchen in der Nase filtern Schmutz, Staub und andere unerwünschte Substanzen, die auf diesem Weg in den Körper gelangen könnten.

Zähne gibts nur zweimal

Wenn Haie einen Zahn verlieren, kommt immer ein neuer nach. Das ist beim menschlichen Gebiss nicht möglich. Der Erstausstattung an Milchzähnen folgen die „Bleibenden“, und mit diesen müssen wir ein Leben lang auskommen.

Warum gibt es überhaupt erst ein Milchgebiss? Wenn man das Gesicht eines Kindes betrachtet, ist die Antwort klar. Es ist viel kleiner als das eines Erwachsenen und auch der Kiefer wächst noch. Die großen bleibenden Zähne hätten hier (noch) keinen Platz. Mit 20 vergleichsweise kleinen Milchzähnen ist das erste Gebiss nicht so umfangreich wie das zweite mit 28 beziehungsweise 32 Zähnen – falls dort Weisheitszähne angelegt sind.

„Milchzähne, Weisheitszähne? Was sind denn das für komische Namen?“ wundert sich Toby.

Für die Namen gibt es verschiedene mögliche Erklärungen: Zum Beispiel ähnelt die Farbe der ersten Zähne wirklich der von Milch. Und: Die Zähnchen kommen erstmals durch, wenn sich Babys noch hauptsächlich von Milch ernähren.

Weisheitszähne bekommen nicht nur kluge Menschen. Diese Zähne brechen zwischen dem etwa 16. und 40. Lebensjahr durch. Und das sahen unsere Urahnen, die wahrscheinlich für den Namen sorgten, bereits als „fortgeschrittenes Alter“ an. Für sie machten die vier zusätzlichen Mahlzähne noch Sinn, weil sie die ausschließlich rohe Nahrung kräftiger zerkleinern mussten als wir unser gekochtes Essen. Vermutlich haben sie auch relativ früh die ersten bleibenden Zähne verloren, so dass die Weisheitszähne eine Art Ersatz waren. Heute haben die Weisheitszähne keine wichtige Funktion mehr und sind auch nicht mehr in jedem Kiefer angelegt.

Obwohl die Milchzähne mit etwa 5 bis 6 Jahren auszufallen beginnen, ist es wichtig, sorgsam mit ihnen umzugehen und früh mit der Zahnpflege anzufangen. Unter ihnen sind im Kieferknochen bereits die nachfolgenden Zähne angelegt. Bei einer Wurzel-Entzündung des Milchzahns kann auch der angrenzende bleibende Zahn geschädigt werden. Die ersten Zähne sind Platzhalter für die nachfolgenden. Fallen sie vorzeitig aus, können die bleibenden Zähne schief wachsen, zum Beispiel durch Nachbarzähne, die den Platz nutzen und die Lücke verengen.

Auch auf die Sprachentwicklung des Kindes haben Milchzähne Einfluss. Sie bestimmen beim Sprechen die Haltung der Zunge im Mundraum mit. Durch eine Zahnlücke im vorderen Zahnbereich oder eine Zahnfehlstellung bekommt die Zunge möglicherweise zu viel Spielraum nach vorne. Längerfristig kann das die Bildung von S- und Z-Lauten verändern und das Lispeln begünstigen.

Schneiden, Beißen, Zerreißen, Kauen: Das Milchgebiss verfügt in Unter- und Oberkiefer über jeweils vier Schneidezähne, zwei Eckzähne und vier Mahlzähne als Werkzeuge zur Zerkleinerung der Nahrung. Nach dem Zahnwechsel, der meist mit 12 bis 13 Jahren abgeschlossen ist, hat das bleibende Gebiss unten und oben jeweils vier weitere Backenzähne.

Reize und Reflexe

So verschieden Menschen sind: Viele Körperphänomene kommen bei allen vor. Dazu gehören die Reflexe. So nennt man die Reaktion des Körpers auf einen bestimmten Reiz. Wird das Auge beispielsweise von hellem Licht oder einem kleinen Insekt getroffen, schließen sich die Augenlider blitzschnell. Fliegt ein größerer Gegenstand auf uns zu, heben wir reflexartig die Arme zur Abwehr. Auch auf Kitzeln reagieren die meisten Menschen gleich: Sie zucken zusammen und lachen.

Warum gibt es diese Reflexe? Sie sind angeborene Schutzmaßnahmen des Körpers. Kitzeln zum Beispiel wird vom Körper als Gefahr von außen empfunden. Er signalisiert zunächst erschreckt „Alarm“, lacht dann aber erleichtert auf, weil doch nichts passiert.

Tobys Tipps

Versuch dich mal selbst zu kitzeln. Du lachst nicht? Keine Sorge, das ist normal. Denn du weißt ja von vornherein, dass dir keine Gefahr droht. Deshalb bleibt der Kitzelreflex aus.

„Er hat gute Reflexe“, heißt es, wenn jemand schnell auf etwas reagiert. Gut funktionierende Reflexe sind ein Zeichen dafür, dass die Nervenleitungen intakt sind und der Mensch gesund ist. Auch das Atmen und das Schlucken sind Reflexe. Sie sorgen dafür, dass (überlebens-)wichtige Abläufe in unserem Körper automatisch erfolgen.

„Phänomenal“, sagt Toby vor sich hin. Und meint damit nicht nur das, was er gerade Neues über den menschlichen Körper erfahren hat: „Meine Reflexe funktionieren super. Ich bin selbst ein Phänomen!“

Kapitel 12
Körperpflege

Einfach dufte!

Es ist ein warmer Sommertag, und die Jungen auf dem Fußballplatz kicken und bolzen mit vollem Einsatz gegen die andere Mannschaft. Alle sind trotz der zunehmenden Hitze mit Spaß und Eifer dabei. In der allerletzten Minute gewinnt Moritz' Mannschaft mit 3:2! Er hat als flinker Stürmer das alles entscheidende Siegtor geschossen. Voller Freude fallen sich die Spieler nach dem Abpfiff in die Arme, strubbeln sich gegenseitig die Haare und drücken sich ganz fest. Auch das Publikum bejubelt die Spieler, klatscht, pfeift und grölt. Und einer der Kicker wird besonders gefeiert: Es ist Moritz!

Er ist natürlich sehr stolz und strahlt über das ganze Gesicht. Gern lässt er sich umarmen und drücken, aber er fühlt sich nach all der Anstrengung auch recht unwohl in seiner Haut: Die Knie sind aufgeschürft und dreckig, seine Füße brennen wie Feuer in den Turnschuhen und das Trikot klebt unangenehm an seinem verschwitzten Oberkörper. Außerdem juckt seine Kopfhaut, die Gesichtshaut spannt und die trockenen Lippen schmecken salzig.

Klar: Moritz freut sich über seinen Erfolg, aber fast noch mehr freut er sich jetzt auf eine erfrischende Dusche! Die wird er heute besonders genießen, und seiner strapazierten Haut wird das Eincremen hinterher sicher guttun. Außerdem wartet am Spielfeldrand seine Freundin Zoe auf ihn. Und für Zoe macht sich Moritz sowieso gerne schön und schick, denn er hat nicht nur das Fußballspiel gewonnen, sondern auch ein bisschen Zoes Herz. Und weil er Zoe nicht lange warten lassen möchte, heißt es jetzt: Ab unter die Dusche!

Später stürmt Stürmer Moritz frisch gewaschen, in sauberen Klamotten und wohlriechend aus der Mannschaftskabine. Als er mit Zoe lachend durch den Park schlendert, da fühlt sich Moritz rundherum als glücklicher und wahrer Gewinner: Einfach dufte!

Zuhause bei Toby

Dufte möchte auch Toby gerne sein. Nachdem er mit dem Skateboard lange draußen unterwegs war, müffeln Schuhe, Socken und Füße jetzt allerdings ganz fürchterlich. Waschen macht sauber – das hat das Teufelchen selbst schon ausprobiert. Es hat aber auch gesehen, dass die Menschen noch viel mehr tun, um schön auszusehen und angenehm zu riechen. Ein wenig merkwürdig verhalten sich die Menschen bei dem, was sie Körperpflege nennen, schon, findet Toby. Warum – zum Teufel – benutzen sie zum Beispiel eine Bürste für ihre Zähne, obwohl sie dort doch gar keine Haare haben?

Von Haut, Haar und Hygiene

Wer von Körperpflege spricht, meint oft Schönheitspflege. Gesunde Haut, Haare und Zähne sind Schönheitsattribute. Sie machen viel von unserer Außenwirkung auf andere Menschen aus, haben Einfluss auf soziale Kontakte. Doch Körperpflege ist nicht nur Schönheitspflege. Waschen oder Zähneputzen haben etwas mit Hygiene zu tun. Beim Duschen wird so manche Wasserratte, die kaum aus dem Schwimmbad herauszubekommen ist, regelrecht wasserscheu. „Danach sehe ich auch nicht sauberer aus", mault der eine. „Nach dem Zähneputzen muss ich immer gleich ins Bett", klagt eine andere. Beim Thema Körperhygiene prallen die unterschiedlichen Meinungen von Eltern und Kindern früh aufeinander.

Unter Hygiene versteht man Gesundheitspflege, zu der die Körperpflege beiträgt. Ziel von Hygiene ist es, durch die Reduktion von Krankheitserregern Krankheiten vorzubeugen. Körperpflege umfasst neben dem Waschen und Zähneputzen auch die Haut- und Haarpflege sowie das Reinigen und Schneiden von Finger- und Fußnägeln. Neben der Gesundheitspflege dient Körperpflege der Vermeidung von Körpergeruch.

Überzeugungskraft zahlt sich aus. Denn Körperhygiene steht nicht alleine für Sauberkeit. Der Begriff ist vom Namen der griechischen Gesundheitsgöttin Hygieia abgeleitet und bedeutet genau genommen „Gesundheitspflege". Die Frage nach dem Warum führt gleichzeitig zu den Antworten, wie man Haut, Haar und Zähne am besten pflegt. Wer sich mit dem Einmaleins der Körperpflege auskennt, findet auch Ansatzpunkte für kindgerechte bildliche Erklärungen.

Oft ist zum Beispiel von der Hautflora die Rede. Sie ist in den vergangenen Jahren zunehmend in den Blickpunkt der Forschung geraten, wenn es um den Eigenschutz der Haut geht.

„Flora – hat das nicht mit Pflanzen zu tun? Haben Menschen eine Pflanzenwelt auf ihrer Haut?", fragt Toby neugierig.

Das „Öko-System" Haut

Auf der menschlichen Haut tummeln sich viele unsichtbare Bakterien und Pilze. Vergleiche mit dem Artenreichtum und den Lebensbedingungen der Pflanzenwelt liegen daher nahe. Mikroorganismen wie Bakterien und Pilze können gesunder Haut nichts anhaben: Sie ist wasserdicht und undurchlässig für solche Kleinstlebewesen. Unsere Haut ist mit Abwehrmechanismen ausgestattet, die sie selbst und die inneren Organe vor Verletzungen, Überhitzung, Austrocknung und dem Eindringen von Krankheitserregern schützen.

Dafür, dass sie intakt bleibt, trifft unsere Haut als größtes Organ einige Vorsorgemaßnahmen. Die Hornschicht der Oberhaut (Epidermis) erneuert sich im 4-Wochen-Rhythmus, indem sie täglich Milliarden von alten Hautschuppen abwirft und durch nachwachsende verhornte Hautzellen ersetzt. In der Lederhaut sitzende Talgdrüsen sorgen dafür, dass die Haut nicht zu trocken und damit leichter anfällig für Risse und Verletzungen wird. Krankheitserreger können nicht in den Körper eindringen. Die Talgdrüsen produzieren rund um die Uhr Fette, die unsere Haut geschmeidig halten. Das Hautfett bildet gemeinsam mit der von mehr als 2,5 Millionen Schweißdrüsen produzierten Flüssigkeit (99 % Wasser, 1 % Kochsalz, Harnstoff, Aminosäuren und Fettsäuren), einen leicht sauren Hydrolipidfilm als Fett-Wasser-Mischung, oft auch Säureschutzmantel genannt, der die Epidermis überzieht. Der Säureschutzmantel hemmt das Wachstum von Krankheit erregenden Mikroorganismen. Er arbeitet dabei mit Bakterien zusammen, die unserer Haut nützlich sind.

Unsere Hautoberfläche ist von Milliarden Bakterien besiedelt. Die winzig kleinen „Mitbewohner" – man nennt sie Kommensalen – haben sich dem sauren Milieu der Haut (pH-Wert etwa 4,5 bis 5,5) angepasst und finden dort geeignete Lebensbedingungen. Sie ernähren sich von Hautschuppen und in Schweiß und Hautfett enthaltenen Substanzen. „Durchreisenden" Bakterien, die unter anderem durch Schmutz oder den Kontakt mit infizierten Menschen auf die Haut gelangt sind, bekommt das saure Klima meist nicht.

Die Kommensalen sind in der Regel sogar nützlich, weil sie von außen angreifende, krankheitserregende Bakterien oder Pilze abwehren. Sie machen ihren Lebensraum für körperfeindliche Mikroorganismen unwirtlich: Die nützlichen Bakterien tragen durch ihre Stoffwechselprodukte selbst zum sauren Haut-Klima bei. Sie setzen auch Substanzen frei, die wie natürliche Antibiotika wirken und das Wachstum von Bakterien bremsen, die Krankheiten auslösen können.

Abschließend erforscht ist das vielfältige Zusammenspiel des „Öko-Systems" Haut noch nicht. Doch Biologen gehen davon aus: Sein Gleichgewicht – die schützende Wechselwirkung zwischen Lebensraum und „Bewohnern" – ist die Voraussetzung dafür, dass unser natürlicher Schutzmantel gesund und funktionstüchtig bleibt.

AHA!

Das Gegenteil von „sauer" ist in diesem Fall nicht „süß", sondern „alkalisch" oder „basisch", man kann auch sagen „seifig". Ob eine Flüssigkeit sauer oder basisch ist, liegt an ihrer Menge von Wasserstoffionen, das sind kleinste Atomteilchen. Der pH-Wert leitet sich ab vom lateinischen „potentia hydrogenii" – Stärke des Wasserstoffs. Eine saure Lösung hat einen pH-Wert zwischen 0 und 7, eine basische Lösung liegt zwischen 7 und 14. Der exakte ph-Wert von 7 bezeichnet eine völlig neutrale Lösung. Der pH-Wert im Blut kann bei Veränderungen gegenüber dem Normalwert (7,35 – 7,45) auf Krankheiten hinweisen.

Wenn der Mantel spröde wird

Um im Gleichgewicht zu bleiben, braucht das Öko-System Haut Unterstützung. Denn es arbeitet unter wechselnden Bedingungen. Mal muss es sich auf Hitze, mal auf Kälte oder viel Feuchtigkeit einstellen. Ähnlich wie das Unkraut einen Garten überwuchert, wenn wir seine empfindlichen Pflanzen nicht witterungsbedingt pflegen, können sich angreifende Krankheitserreger bei mangelnder oder falscher Pflege durchsetzen, wenn die Haut spröde und rissig wird oder die Verteidigungslinie der nützlichen Bakterien schwächelt.

Schwitzen wir stark, können sich Anzahl und Zusammensetzung der Mikroorganismen unserer Hautflora verändern. Die meisten Bakterien mögen ein feuchtes Klima. Wo sich auf der Haut viel Schweiß ansammelt, vermehren sich die Einzeller durch Teilung schnell. Zehenzwischenräume, Achselhöhlen, Leistengegend sowie Po- und Genitalregion sollten wir deshalb regelmäßig sorgfältig reinigen. In den Achselhöhlen können wir bei Jugendlichen und Erwachsenen eine starke Besiedlung durch Bakterien sogar riechen. Schweißgeruch entsteht, wenn Hautbakterien in stundenlanger Arbeit den Schweiß zersetzen.

AHA!

Die apokrinen Drüsen bedingen mit Bakterien und hormonellen Einflüssen auch den Körpergeruch eines Menschen. Die Anzahl von Drüsen und die individuelle Zusammensetzung der Hautflora sind genetisch bedingt. Auch die Ernährung beeinflusst den Schweiß- und damit den Körpergeruch. Wenn Stimmungsschwankungen die Hormone in Wallung bringen, kann sich die persönliche Duftnote sogar im Laufe des Tages verändern.

Vor der Pubertät brauchen Kinder keine Geruch hemmenden Deos. Bis dahin sind lediglich die über den Körper verteilten, so genannten „ekkrinen“ Schweißdrüsen aktiv, die zur Regulierung der Körpertemperatur Tag und Nacht kühlenden Verdunstungsschweiß an die Hautoberfläche befördern. Das ist mindestens ein halber Liter pro Tag und wird deutlich mehr, wenn der Körper durch Sport, Fieber und Anstrengung richtig heiß läuft. Dieser wässrig-salzige Schweiß riecht nicht.

Anders verhält es sich mit dem zähflüssigeren, protein- und fetthaltigen Sekret, eine Substanz, die die unter den Achselhöhlen, um die Brustwarzen und im Genitalbereich sitzenden, so genannten „apokrinen“ Schweißdrüsen abgeben. Man nennt diese Drüsen auch Duftdrüsen. Wird ihr Sekret von vorbeikommenden Haubakterien zerlegt, entsteht „Schweißgeruch“. Die apokrinen Drüsen entwickeln sich erst in der Pubertät. Sie werden – hormonell gesteuert – vor allem durch emotionale Reize wie Angst, Wut, Freude oder sexuelle Lust aktiv.

Wasser marsch – in Maßen!

Um die schnell wachsenden Bakterien in Schach zu halten und unangenehme Gerüche zu vermeiden, hilft nur eins: Waschen. Doch auch dabei kommt es auf das richtige Maß an. Neben einem Zuwenig gibt es auch ein Zuviel an Hygiene.

Bei schmutziger Haut ist Reinigung angesagt. Denn im Schmutz lauern viele Bakterien, Viren und Pilze, die manchmal auch Krankheiten auslösen können. Besonders leicht gelangen die Keime über die Hände in den Organismus oder an andere Körperregionen. Sie verstecken sich zudem an Stellen, wo man sie nicht vermutet: im Fell eines Haustiers, auf Türklinken oder auch auf Spielzeug, das durch andere Hände gewandert ist. Oft werden Krankheitserreger auch über den Kontakt mit anderen Menschen übertragen.

Wasche deine Hände regelmäßig – vor allem vor dem Essen und nach dem Gang auf die Toilette. Damit nimmst du Bakterien und Viren die Chance, in und auf deinem Körper weiterzuwandern. Und du gibst sie nicht an andere Menschen weiter.

Baden, Duschen, Schrubben? In der alltäglichen Körperhygiene übertreiben wir es auch manchmal mit der Reinlichkeit. Es klingt widersprüchlich – aber zu viel Wasser trocknet die Haut aus. Durch ein langes Bad im warmen Wasser zum Beispiel werden wasserbindende Substanzen des Säureschutzmantels gelöst, die oberste Hornschicht wird durchlässig und lässt das in der Haut gespeicherte Wasser verdunsten. Schäumen wir uns beim Waschen noch kräftig mit alkalischer Seife ein, lösen die darin enthaltenen Tenside – das sind waschaktive künstliche Substanzen – nicht nur die Schmutzpartikel auf unserer Haut, sondern auch die schützenden Fette. Die Haut wird trocken, der Säureschutzmantel samt Flora löchrig. Mindestens eine Stunde dauert es, bis der hauteigene Schutz wieder aufgebaut ist, die Talgdrüsen Nachschub an Fett produziert haben und die Hautflora sich regeneriert hat. Deshalb: So sparsam wie möglich mit Seife umgehen. Leicht basische und pH-neutrale Seifen oder Lotionen laugen die Haut weniger aus.

Kinderhaut ist dünner als die von Erwachsenen, sie trocknet leichter aus. Die Talgdrüsen von Kindern laufen noch auf Sparflamme und produzieren vergleichsweise wenig Hautfett. Ein- bis zweimaliges Baden oder Duschen pro Woche reicht in der Regel für den jüngeren Nachwuchs aus. In der Pubertät entwickeln nicht nur die apokrinen Drüsen ihre Funktionsfähigkeit, sondern auch die Talgdrüsen ihre volle Stärke. Teenager, die anfangen, nach Schweiß zu riechen oder schneller fettige Haare bekommen, sollten natürlich häufiger duschen und Haare waschen.

Tobys Tipps für Eltern

- Lieber öfter am Waschbecken waschen als duschen oder baden. Das Gesicht am besten jeden Morgen und jeden Abend waschen. Es gibt milde, auf die Bedürfnisse junger Haut zugeschnittene Pflegeprodukte mit rückfettenden Substanzen. Ist die Haut des Kindes glatt und rosig, braucht sie keine unterstützende Creme.
- Die Haut liebt Streicheleinheiten – auch nach dem Baden oder Waschen. Gegenseitiges Massieren und gelegentliches Eincremen tun gut – besonders, wenn die Haut trocken ist. Die Kinder sind stolz, wenn auch sie Mama und Papa damit verwöhnen dürfen; dabei lassen sich lustige Strichmännchen, Zahlen oder Buchstaben erraten.
- Wenn Kinder beim Haarewaschen eine Schwimm- oder Taucherbrille tragen, läuft kein Wasser in die Augen – und es sieht lustig aus. Nach dem Haarewaschen lassen sich gemeinsam coole Frisuren ausprobieren: Reichen Papas kurze Haare wenigstens für einen Minizopf?
- Ein kleiner Kosmetikspiegel in Augenhöhe der Kinder motiviert zum Waschen, Zähneputzen und Kämmen.

Die Haut ist ständig aktiv, entwickelt und verändert sich – abhängig vom Alter, von hormonellen Einflüssen und von der Lebensweise. Deshalb gibt es für die Hautpflege keine lebenslang gültigen Regeln. Sie orientiert sich an der individuellen Beschaffenheit der Haut.

Süßes in Maßen schadet nicht. Am besten isst du es nach den Hauptmahlzeiten und putzt dir danach die Zähne. Vollwertige Kost – bestehend aus Gemüse, Obst, Brot oder Käse – ist gesünder – und gibt deinen Zähnen richtig was zu knabbern. Der dadurch angeregte Speichelfluss härtet die Zähne.

Das Zähne-Zauberwort heißt KAI

Bakterien siedeln sich auch gerne in der Mundhöhle an. Der feuchte Nährboden der Schleimhäute schafft ideale Lebensbedingungen. Essensreste bieten Bakterien ein reichhaltiges Nahrungsangebot. Hunderte von Bakterienarten können die Mundhöhle erobern und setzen sich, wenn die Zähne nicht regelmäßig geputzt werden, auch auf den Zähnen und in den Zahnfleischtaschen fest.

Zucker, den die Mund-Bakterien besonders lieben, macht die Zähne richtig sauer. Der bakterielle Stoffwechsel verarbeitet ihn zu Säure. Und die greift den Zahnschmelz an. Der Zahnschmelz, die äußere Hülle des Zahns, ist zwar das härteste „Material“ im Körper, aber Karies-Bakterien fressen sich trotzdem durch, wenn wir sie nicht daran hindern. Sie entkalken den Zahn, höhlen ihn aus. Ist ein Loch erst da, kann nur noch der Zahnarzt die Bakterien davon abhalten, ihr zerstörendes Werk bis zum Schmerz leitenden Nerv fortzusetzen.

Gesunde Ernährung und wenige Minuten Zahnpflege am Tag reichen aus, um den gefräßigen Bakterien den Nährboden zu entziehen. Wenn Eltern ein gutes Vorbild sind, wird die Zahnpflege schnell zum selbstverständlichen Ritual. Solange das Kind nur Schneidezähne hat, genügt das abendliche Zähneputzen. Sobald auch die Backenzähne vorhanden sind, sollte das Putzen mindestens nach dem Frühstück und vor dem Schlafengehen selbstverständlich sein. Wer auch nach dem Mittagessen zur Zahnbürste greift, erweitert den Zahnschutz.

Sorgfältige Zahnpflege ist auch für die Milchzähne wichtig. Sie fallen bei Kindern ab etwa 5 Jahren zwar wieder aus, sind aber mehr als nur Platzhalter für die bleibenden Zähne. Denn direkt unter den Milchzähnen sind im Kieferknochen bereits die nachwachsenden Zähne angelegt. Ein kranker Milchzahn schädigt bereits den nachfolgenden bleibenden Zahn.

Ein Zauberwort sorgt dafür, dass das Zähneputzen richtig Wirkung zeigt. Es heißt „KAI“. „K“ steht für die Kauflächen, das „A“ für die Außenflächen der Zähne, und für die Innenflächen steht das „I“. Dieses Putzprinzip sollten Eltern nach und nach einführen. So dürfen Kinder im ersten Schritt die Kauflächen der Backenzähne reinigen. Das schaffen sie bereits ab dem 4. Lebensjahr. Erst wenn das Kind das gut beherrscht, kann es sich um die Außenflächen der Zähne kümmern. Die Zahnbürste wird mit großen Kreisbewegungen über die Zähne geführt. Diese Technik können Vorschulkinder in der Regel sicher anwenden. Zuletzt kommen die Zahn-Innenflächen dran. Dabei werden die Zähne von unten nach oben geputzt. Ein erbsengroßer Klecks Kinderzahnpasta genügt dazu.

Tobys Tipps für Eltern

- Das Zähneputzen lässt sich morgens mit einem kleinen Spiel als Belohnung verknüpfen, zum Beispiel mit zwei Minuten „Schnick, schnack, schnuck!“. Dann freuen sich Kinder ebenso darauf wie auf die Vorlesegeschichte nach dem Zähneputzen am Abend.
- Zähneputzen nach der Eier-Uhr? Warum nicht mal einen selbstgetexteten Zahnputz-Rap ausprobieren oder das etwa dreiminütige Lieblingslied der Sprösslinge im Bad abspielen?
- Witzige, selbst ausgesuchte Zahnbürsten oder Seifenfiguren lassen Körperpflegerituale zum Spielspaß werden.

Literaturhinweise

Autor	Titel	Verlag/Erscheinungsjahr
Arnold, Nick	**Die faszinierende Welt deines Körpers**	Loewe, Bindlach 2003
Bannasch, Dr. Lutz; Junginger, Beate	**Die Körper-Geist-Seele-Formel** – Ganzheitliche Heilung aus dem Immunsystem	Gräfe und Unzer, München 2009
Erkert, Andrea	**Kinderleichte Ruheerlebnisse**	Ökotopia, Münster 2009
Grönemeyer, Dr. Dietrich	**Der kleine Medicus**	Rowohlt, Reinbek 2005
Grün, Anselm; Müller, Wunibald	**Was ist die Seele?**	Kösel, München, 3. Auflage 2008
Hirte, Dr. Martin	**Impfen Pro & Contra** – Das Handbuch für die individuelle Impfentscheidung	Droemer/Knaur, München 2008
Jackel, Birgit	**Ausgeglichen und entspannt** – Stress bei Kindern erkennen und abbauen	Kösel, München 2004
Kneißl, Dr. Georg	**Damit mein Kind gesund bleibt**	Kösel, München 2006
Macaulay, David	**Das große Buch vom Körper**	Ravensburger Buchverlag, Ravensburg 2009
Nase, Daniela	**Frag doch mal ... Mein Körper**	cbj, München 2007
Regler, Dr. Bernd; Regler, Cornelia; Braunewell, Dr. Heidi	**Nahrungsmittelunverträglichkeiten bei Kindern.** Versteckte Krankmacher erkennen, 67 Rezepte, die Kinder lieben	Trias, Stuttgart 2009
Reese, Dr. Imke; Schäfer, Christiane	**Allergien vorbeugen**	systemed, Lünen 2009
Rübel, Doris	**Wieso? Weshalb? Warum?** – Wir entdecken unseren Körper	Ravensburger Buchverlag, Ravensburg, 42. Auflage 2009
Salbert, Ursula	**Das Körper-Entdeckungsbuch**	Ökotopia, Münster 2007
Steinbicker, Margot	**Lisa und ihre Stowis**	Michaels, Peiting, 8. Auflage 2008
Sturm, Anika	**Was passiert in meinem Körper?**	Kosmos, Stuttgart 2007
Viegas, Marneta	**Entspannende Abenteuer** – Phantasievolle Entspannung für Kinder	Param, Ahlerstedt 2008
Wilk, Marion Natascha	**Entspannte Traumreisen für Kinder** – Handbuch für autogenes Training mit Kindern, mit CD	MaNaWi, Eisingen 2008
Zimmer, Renate	**Schafft die Stühle ab** – Was Kinder durch Bewegung lernen	Herder, Freiburg 2008

Broschüren

Herausgeber	Titel	Bestellnummer
Bundeszentrale für gesundheitliche Aufklärung (BZgA)	**Über Sexualität reden ...** Zwischen Einschulung und Pubertät	13660300; kostenlos erhältlich und als Download verfügbar
	Über Sexualität reden ... Die Zeit der Pubertät	13660400; kostenlos erhältlich und als Download verfügbar
	Dem Leben auf der Spur – Wissenswertes für Mädchen und Jungen	13160000; kostenlos erhältlich und als Download verfügbar

CDs

Produktion	Titel	Verlag/Erscheinungsjahr
Buntrock, Martin	**Kinderleichte Ruheerlebnisse**	Ökotopia, Münster 2009
Freise, Moritz; Heist, Ursula	**Sing mit mir! Sprich mit mir!** – Kinder mit Musik in Sprache baden	Mehr Zeit für Kinder e.V., Frankfurt/Main 2005
Freise, Moritz; Heist, Ursula	**Werd' schnell gesund!** – Lieder und Geschichten zum Aufmuntern und Erklären	Mehr Zeit für Kinder e.V., Frankfurt/Main 2005
Heist, Ursula	**Mein Körper – Der Weg der Nahrung**	Contenti Music, Ebringen 2004

Links und Adressen

www.barmer-gek.de/kinder | Das BARMER GEK Kinderportal rund um Gesundheit und Wohlbefinden

www.expedition.wissen.de | Kindgerechte Informationen, Experimente und mehr rund um den menschlichen Körper
wissenmedia GmbH | Neumarkter Straße 20 | 81673 München

www.gene-abc.ch | Wissenswertes und Frage-/Antwort-Portal rund um die Gene
Schweizerischer Nationalfonds zur Förderung der wissenschaftlichen Forschung

www.kindergesundheit24.de | Kostenlose medizinische, ernährungsphysiologische und wissenschaftliche Hinweise
Norddeutsches Zentrum für Wachstumsforschung GmbH | Twiete 39 | 24536 Neumünster

www.medizin-fuer-kids.de | Medizinstadt für Kids im Internet

Bundeszentrale für gesundheitliche Aufklärung (BZgA) | Ostmerheimer Str. 220 | 51109 Köln | www.bzga.de

Kinder-Museum im Deutschen Hygiene-Museum Dresden | Lingnerplatz 1 | 01069 Dresden | www.dhmd.de
Erlebnisbereich für Kinder von 4 bis 12 Jahren zur Dauerausstellung „Abenteuer Mensch“

Kinder-Akademie Fulda – gemeinnützige GmbH | Mehlerstraße 4 | 36043 Fulda | www.kaf.de
Dauerausstellung „Das begehbare Herz“ | Kinder und Erwachsene können hier die Anatomie des Herzens spielerisch kennen lernen.

Weitere Buchratgeber für Familien

Wie viel Sonne ist gesund?
Wie wirkt vor allem die UV-Strahlung auf unsere Haut?
Worauf ist bei Sonnenschutzmitteln zu achten?
Wie bringe ich Kinder dazu, sich regelmäßig einzucremen?

Sieben Kapitel thematisieren den Stand der Wissenschaft, das Phänomen Sonne, ihre Bedeutung für uns Menschen, ihre enorme Kraft, ihre Schattenseiten, wie wir uns schützen können.

Alles sonnenklar?!

Hg.: Mehr Zeit für Kinder e. V. und BARMER GEK, 2010
Preis: 8,90 €, 64 Seiten, gebunden, farbig illustriert;
ISBN 978-3-9811056-6-7

Warum schmeckt uns das Essen in Gesellschaft besser?
Wie können wir Kinder für Obst und Gemüse begeistern?
Was haben Lebensfreude, Wohlbefinden und Leistungsfähigkeit mit gesunder Ernährung zu tun?

Hilfreiche Antworten mit vielen Tipps, Ideen und Anregungen, wie die tägliche Ernährung in der Familie Spaß macht und gesund hält, liefert dieses Buch.

Essen – ein Abenteuer?!

Hg.: Mehr Zeit für Kinder e. V. und BARMER, 2007
Preis: 14,80 €, 128 Seiten, gebunden, farbig illustriert;
ISBN 978-3-9811056-3-6

Was sagt uns die innere Stimme?
Wie gehen wir mit starken Emotionen um?
Was gibt uns ein gutes Gefühl im Kontakt mit anderen Menschen?

Wie wichtig die Fähigkeit zum selbstbewussten Umgang mit Gefühlen für das Zusammenleben in der Gemeinschaft ist und wie Eltern die sozialen Kompetenzen ihrer Kinder stärken können, zeigt dieses Buch zur Förderung der emotionalen Intelligenz.

Kluge Gefühle

Hg.: Mehr Zeit für Kinder e. V. und BARMER, 2005
Preis: 11,80 €, 128 Seiten, gebunden, farbig illustriert;
ISBN 978-3-00-015765-3

Wann und wie lernen Kinder sprechen?
Wie lässt sich Sprache spielend fördern?
Wann spricht man von einer „Sprachstörung"?

Informationen, Tipps, Ideen und viele Spiele zur Förderung der Sprachentwicklung finden Familien in diesem Ratgeber. Mit Experteninterviews, den wichtigsten Regeln zur Kommunikation und Übersicht zur Sprachentwicklung.

Sprich mit mir!

Hg.: Mehr Zeit für Kinder e. V., Deutscher Bundesverband für Logopädie, Berufsverband der Kinder- und Jugendärzte, BARMER, 2004
Preis: 11,80 €, 128 Seiten, gebunden, farbig illustriert;
ISBN 978-3-00-014598-8

Was macht Kinder stark fürs Leben?
Was fördert ihr Selbstbewusstsein?
Wie können Groß und Klein Alltagskonflikte erfolgreich bewältigen?

Tipps und Anregungen für Eltern, wie Kinder das Leben meistern lernen, gibt dieses Buch.

Du schaffst das!

Hg.: Mehr Zeit für Kinder e. V. und BARMER, 2003
Preis: 9,20 €, 128 Seiten, gebunden, farbig illustriert;
ISBN 978-3-00-010447-3

Diese und weitere alltagsnahe Bücher für Familien sind neben CDs und Broschüren erhältlich über den Mehr Zeit für Kinder e. V.

Nähere Informationen und Bestellmöglichkeit im Internet unter:

www.mzfk.de